新装版

地球に生まれたあなたが今すぐしなくてはならないこと

リンゴ農家
木村秋則

ロング新書

まえがき

わたしは、木村秋則と言います。

青森県弘前市に住むリンゴ農家です。

わたしの半生が『奇跡のリンゴ』という映画になって、全国で放映されたもんですから、道で会う人から「あっ！　木村秋則だ!!」と呼び捨てにされるようになりました。

まるでメジャーリーグで大活躍したイチロー選手みたいだな、と友達から冷やかされています。

ＮＨＫの『プロフェッショナル　仕事の流儀』という番組に出演して、『奇跡のリンゴ』という本が出版されて、ベストセラーにもなりました。

なしてこうなったんだか。

わたしは岩木山の麓の農園で、二〇代の頃から、かれこれ四〇数年リンゴを育ててきました。

リンゴ農家の常識では、リンゴの無農薬栽培は絶対不可能と言われています。

ところが女房の農薬に弱い体質を少しでも楽にさせようと、リンゴの無農薬栽培を始めたばかりに、わたしのリンゴ畑は病気と害虫が蔓延し、荒れ果て、リンゴは一つも実らず、収入も途絶えて、家族を極貧の生活に陥れてしまいました。

家族には大変な苦労をかけ続け、わたし自身も何度も挫けそうになりました。

岩木山に登って、首をくくろうと自殺を考えたこともありましたが、一〇年あまりの歳月をかけて、世界で初めて、リンゴの無農薬栽培に成功したのです。

誰もリンゴの無農薬栽培の方法を教えてはくれませんでした。

図書館にも書店にも、どれだけ捜したって無農薬リンゴの作り方の本はありませんでした。

自分を取り囲むすべてのものから学びました。

自然からたくさんのことを教えられたのです。

リンゴの木から、虫から、草から、土から、大自然が、不可能を可能にする方法を教えてもらいました。

一〇年近くに及ぶ苦闘の末にようやく実ったリンゴは、二年経っても腐らない「奇跡のリンゴ」と呼ばれるようになりました。

リンゴが実をつけてくれるようになったのは、「本当に大切なことは目に見えない」と気づいてからです。

大切なものは、「目に見えない部分」にこそあり、そんな見えないものを見る心が、奇跡を起こす力になるのです。

わたしの自然と向き合った生き方が、あまりにも今の世の中の流れとかけ離れていて、逆に珍らしがられ、本やテレビや映画になったのかもしれません。

今、わたしは、行き過ぎた「不自然」を「自然」に戻すことをしなくてはいけないのではないかと思っています。

ずいぶんと壊してしまった自然を、元に戻す努力をしなくてはなりません。人の手で壊すことができたのですから、人の手で戻すことができるはずです。ひとりではできないことでも、ひとりひとりの力が集まればきっとできるのではないでしょうか。

一〇年後にできなくても、五〇年後だって、一〇〇年後だっていいと思います。人はせっかち過ぎます。自然のサイクルはとてもゆっくりですから。

木村秋則

目次

第2章 「水」と「油」のような生き方

第3章 「すべきこと」を捜すのではなく「すべきでないこと」をしない

第4章 「病気」も自然の一部です。勝手に癒しが起こります

第5章 食べものを変えると心も変わる

第8章 自然大災害は地球の浄化作用

第9章

一人では、生きていけません

第10章

何かひとつ「バカ」になってみましょう

第1章 「地球人」としての、自覚をもつこと

宇宙からのメッセージを聞く

わたしには、人に話してもなかなか信じてもらえない不思議体験がたくさんあります。

それが「奇跡のリンゴ」に直接に結びついたとは思いません。でも、奇跡の一部を担ってくれたのは、宇宙のエネルギーだったのではないかと感謝しています。

人間にはどれだけひとりで頑張っても、できないことがたくさんあります。

そして、だれもかれも、人知で計り知れない、大きなエネルギーに支えられながら生きています。人間はそれぞれ、大きなエネルギーで導かれて生きているのです。

自然の一部である人間は、ときとして宇宙とも対話をしながら、人間同士たがいに魂の結びつきを強めていくことができればと思います。

わたしの半生で出会った不思議体験をご紹介しましょう。

なぜなのか？　わたしによく起こる不思議な出来事

今までに、わたしはＵＦＯに三～四回出会いました。

どうしてなのだろうと、不思議でなりません。

二〇一三年一一月中旬の夜七時ごろ、畑から自宅に戻ってトラックから降りたとき、空を見上げたら南方にＵＦＯが飛んでいるのが見えました。

わたしはリンゴにつくムシとか、土中にいるムシとかをしょっちゅうカメラで撮っています。ムシたちをよく観察したいと、いつも考えているからです。

興味のあるムシに出会っても、家に戻ってカメラを取って来てからでは遅いのです。

ＵＦＯも同じです。あっという間にＵＦＯはいなくなってしまうし、ムシたちは生きていますから、常に移動します。

それで瞬時に対象物を撮れるように、カメラを車にいつも積んでいるのです。

そのときもＵＦＯが見えたので、それを撮ろうとカメラをトラックから取って来て構えました。最初はオレンジ色っぽく見えました。ところがそのＵＦＯは激しく上下していて、カメラでとらえるのがとても難しく、うまく撮影できませんでした。

いかに光が速く動いていたかです。カメラのシャッタースピードが追いつかないほどだったのです。

光は線になったり、円を描いたり、やたらに移動しまくっていました。

このようなＵＦＯが見えるのはいつも、突然です。前兆もなにもありません。

講演や指導で全国を走っており、最近は家にいる機会がないからＵＦＯを見るのが前より少なくなっています。

わたしの家の周辺は、よくＵＦＯが見える地域として有名なのです。

このときのＵＦＯはひさしぶりに見た感じでした。

遠くで輝いていただけで、とくになにも話してくれませんでした。

ＵＦＯはわたしに、なにかメッセージを発することもあるし、一瞬姿を見せるだけで、無言でさっといなくなってしまうこともあります。

屋久島の出張先でもＵＦＯに出会った

二〇一三年には、屋久島でもＵＦＯに出会いました。

屋久島には、いじめにあって登校拒否をしていた子どもや、いじめを受けつづけてきた子どもたちだけが学んでいる学校があります。

中学生、高校生たちが在学していますが、わたしが行ったときは高校生だけでした。

いじめられて暗い生活を強いられてきた子どもたちが、少しでも元気になってくれればと考え「負けるな！」というテーマで話をしたのです。それは「相手に負けるんじゃなくて、自分に負けるな」ということです。

脳科学者の茂木健一郎さんと一緒でした。

茂木健一郎さんは、ＵＦＯを信じない人のひとりです。

講演が終わったその夜、ホテルの外にあったベランダで、茂木さんや高校の先生、ＰＴＡの方々と泡盛で盛り上がっていたときでした。

頭上の星を眺めていると、突然ＵＦＯが飛んで来たのです。

そこにいたもうひとりも、「ＵＦＯだ！」と叫びました。

それから「カメラ！」という声が……。

このＵＦＯはカメラで撮ることができませんでした。

かなり激しく横と縦に九〇度の角度で動いていました。

周りにいただれかが屋久島空港に電話をして、「今、飛んでいる飛行機はありますか」と聞いたところ、一機もないということでした。

このＵＦＯもまた、なにかを伝えたかったのかなと思っています。

このときも会話をすることができませんでした。

北海道仁木町で出会った二本の虹とＵＦＯの不思議

今、わたしは北海道余市郡仁木町で、「自然栽培農学校」をやっています。

そこは有志の人たちでやっている自然栽培の集まりです。

わたしが提唱する無農薬・無肥料の農業をやっていきたいという八〇～一〇〇人くらいのグループで、年齢は幅広く二〇歳から六〇歳くらいまででしょうか。

毎年通っていましたが、そろそろ、そこの人たちに独立してほしいと考えています。

わたしの代わりに、あちこちの畑の指導に歩いてもらいたいなあと。

「自然栽培」を広めるために、以前からわたしは地主さんたちに、耕作放棄地を貸してほしいと交渉しつづけてきました。

その願いがかなって、わたしが訪れたその日、仁木町が耕作放棄地を協力しましょうということに決まったのです。

決まったと聞いたそのときでした。真っ昼間だったのに、太陽を真ん中にはさんで、虹が太陽のすぐ両脇に二本、まっすぐに立ち上がったのです。ほんとうに不思議な気持ちでした。

そして、この日の晩にもUFOを見たのです。

これは偶然ではなかったような気がします。このときのUFOもまた何十人も見ていますから、わたしの幻覚ではありません。

残念なことに、このときもカメラを持っている人がだれもいなかったのです。

若い人たちがほとんどでしたが、「なんだ！　なんだ！」と、騒いでいました。

最初は、「流れ星かな」と言い合っていましたが、飛んで消え去ってしまうのではなく、なぜかまた、バックしてわたしたちの方へとやって来たのです。

その明かりは、同じところを行き来していました。行ったり来たりするので、これは流星じゃないなと思ったのです。

このときも、宇宙人がなにかわたしに話をしたかったのでは？　なにをしているのか？　見に来たのではと感じました。

でも、なにも言わずに去って行きました。

ソクラテスのようなギリシャの哲学者と夢の中で話したこと

リンゴ栽培の先行きがまったく見えず、日々の食べものにもこと欠くような生活をしていた頃のことですから、ずい分前のことですが、わたしはまったく口をきかなくなっていたことがあります。

答えを求めて、一日中リンゴの木に付くムシを見つめていたり、家の前に建てた小屋の中で、コンクリートの床に直にあぐらをかいてひたすら座る日々が続きました。

朝から夜中まで同じ格好で座っているので、心配した家族が布団をもってきても、返事一つすることはなかったそうです。

一睡もしないでいられるはずはないのですが、寝ていた記憶すらないのです。

そのころのわたしは別人のようだったと、家族は言っています。

答えを求め続け、考え続けていたその頃、夜の畑で地球のものとは信じられないものを目にしました。月明かりの中、発光する丸太のような物体が、リンゴの木の間を高速スピードで移動して、突然消えてしまったのです。

直感的に、これは宇宙人ではないかと感じました。

畑に光る丸太を目撃した同じ頃、ソクラテスのようなギリシャの哲学者と会話をする夢を見ました。

石の椅子に腰かけ、ゆったりした布を身にまとって、わたしのことを「待っていました」と言うのです。

ソクラテスは穴の空いた畳大の板が何枚も通されたパイプを指して、「こっちの板をあっちに移してくれませんか」と言いました。

わたしは軽い気持ちで引き受けました。

でも思ったよりも板は相当重く、言われた通り手前から奥へ板を滑らせるのに、大変な力を要しました。


ようやくすべての板を移し終えて、この板は何なのですかとソクラテスのような人に聞くと、「カレンダーだ」と言います。

さらに、何のカレンダーなのかとわたしがたずねると、「地球のカレンダーだ」

と答えるのです。

他には板はなく、「枚数を数えたね」と言われて、今動かした数を思い出しました。

板一枚が一年を表すとすると、板がすべて終わったあとの地球はどうなるのかと思ったのです。

それで「地球は後はないいんですか」と尋ねると、「ない」との返事が返ってきました。

自分で動かした板の枚数は、今でも覚えていますが、残りの時間が思いのほか少なかったのです。

ソクラテスは、板の枚数を口にすることを固く禁じる一方で、「君の努力次第で変わる、伸ばせる」と言いました。

ＵＦＯで宇宙人に連れ去られたことがある

それから畑で目撃した宇宙人に再び出会ったのは、リンゴがようやく生産できるようになった四〇歳のときでした。

深夜にいきなり寝室の窓が開いたと思うと、黒ずくめの身体に二つの大きな目が輝く生物が二人、連れだって現れたのです。

彼らはわたしの両脇を抱えると、二階の窓から外に連れ出してそのまま上空に上がって行きました。

気がつくとＵＦＯのようなものの船内に連れ込まれていました。

ＵＦＯの中にはわたしと同じように連れて来られたらしい白人の男女がいました。

彼らは裸にされて観察されていましたが、わたしは観察されることなく、宇宙船の操縦室のような部屋に連れて行かれました。

宇宙船の内壁が、彼らが手を触れるだけでガラス張りのように透明になるのを目撃して、あっけにとられました。

ＵＦＯはどうやって動いているのですかと尋ねると、動力物質という盾のような金属を渡してくれました。

逆三角形で一辺が二〇㎝ほどの大きさのその物質を、彼らは人差し指一本で軽々と持っていました。

ところがわたしが受け取ると、とても片手では持てないほど重いのです。

あまりの重さに、この宇宙人たちは重力の違う世界に生きているのではないか、そしてそこはブラックホールのように強い重力の世界なのではないか、という思いが頭をかすめました。

この動力物質を、彼らはＫと呼んでいるように聞こえました。

彼らの説明では、地球人が知っている元素は一二〇くらいで、そのうち使っているのは三〇にも満たない、けれども「我々は二五六の元素をすべて使っている」とのことです。

地球人を極めて低能と言わんばかりでした。

宇宙人は、Ｋのことを「永久エネルギー」と呼んでいました。そして、「その物質は地球人には作れない、頭が悪いから」と、ちょうど人間が猿を見下げるような感じで話しました。

下等生物扱いはされましたが、彼らが熱を持たないエネルギーを取り出す方法を持っていることは確かです。

彼らは熱のない、光だけは存在する世界に生きているのでしょうか。

光そのものが彼らのエネルギーだったのか、それはわかりません。

宇宙人に何を見込まれて連れられたのかは見当がつきませんが、彼らに何らかの知識を植え付けられたような気がします。

それは、次世代のエネルギーに関係する知識かもしれませんが、わからないことばかりです。

地球のカレンダーはあと何枚も残っていない

あのとき、わたしにはなぜか逃げたいとか怖いとかという感情が湧かず、どちらかというと、ＵＦＯへの親近感みたいなものがあったような気がします。

ＵＦＯの内部には、上方に巨大なベニヤ板のようなものが何枚も掛かっていました。

そのベニヤ板には、ローマ字でナンバーが打たれていたのです。

わたしは声を出して聞きました。

「あれはなんですか」

すると、その宇宙人が言ったのです。

「そこにある板を、あっちに場所を移してくれ」

「わかりました」

そう言って、わたしは軽い板だと思って運ぼうとしたら、それはすごく重かったのを覚えています。動かすのがやっとでした。その板が何枚もあったのです。

その板を全部移し終えたあと、わたしはその宇宙人に聞きました。

「あれはなんですか」

宇宙人は、逆に聞いてきました。

「なんだと思うかね」

「なにかカレンダーのような感じがしたんですけれども」

すると、宇宙人は言ったのです。

「その通りだ。カレンダーだ」

「なんのカレンダーですか」

「地球のカレンダーだ」

「地球のカレンダー？　あとはないんですか？　最後の数字のあとは？」

「ない。最後の数字で終わりになる」

「これで地球が終わるということですか」

「そうだ」


宇宙人にカレンダーの見方を教えてもらい、最後の数字を確認しました。

宇宙人からも、そして夢からも地球がなくなると告げられた、その問題の日。

それがいつなのかは、しっかりと覚えていますが、人に言ったことはありません。

もし、わたしがそれを口外したら、大変なことになると思うからです。

だから、地球がなくなる日を一日でも先に伸ばすために、わたしたち地球の住人はなにをしなければならないのか。それを優先して生きていかなければとわたしは思うのです。

宇宙人は「木村は今、なにをしているのか」を見ているのかな

しばしば宇宙人と遭遇したという話をするためか、きっとわたしが宇宙人にお願いして力を借りているのだろうと言う人がいます。

でも、そうではありません。

奇跡と言われているリンゴ、コメ、野菜などの「自然栽培」に成功したからといって、わたしはこれまで、天や神仏や宇宙人などにお願いしたことはないのです。

あの、自殺しようと岩木山をうろついたときだって、「リンゴが一個でも実ってくれるように、答えを教えてくれませんか」とは言いませんでした。

わたしが宇宙人を何度も見た、というのは事実です。

でも、宇宙人にわたしがなにか願いごとをしたことは、一度もないのです。

逆に、彼らは、「木村は今、なにをしているのか」を見ようとして来ているのかもしれません。

すぐ近くの星から彼らは来ているのではと、感じることがあります。


そのように考えている根拠として、「イトカワ星」があります。と言っても、わたしがそう思っているだけであって、科学的に証明されているわけではありません。

「イトカワ星」は太陽系の小惑星で、この星は地球に接近する軌道をもっています。

「イトカワ星」の命名は、日本のロケット開発の父と呼ばれている糸川英夫博士の名前によっています。

その「イトカワ星」が日本の小惑星探査機「はやぶさ」の目的地として選ばれ、二〇〇五年に二度、表面の岩石資料を採取するために着陸。

その後、何年もなんの音沙汰もなかったのですが、二〇一〇年、「はやぶさ」がその小惑星から採取した微粒子を奇跡的に地球に持ち帰ったことで話題となりました。

わたしは天文学者でもないので、これは想像にすぎないのですが、「イトカワ星」には、恐らく宇宙人が住んでいるであろうと思っています。

ひょっとしたら、「イトカワ星」から宇宙人がやって来て、わたしになにかを伝えたがっているのかなあと、ふと考えることがあるのです。

宇宙人に出会うたびに、今度はどんなメッセージかなあと期待しています。

奇妙な体験が、脇目もふらずに働く原動力

ソクラテスの夢の中で、そしてUFOの中で、わたしは地球のカレンダーが終わる日を確認しました。

でも、それは気が遠くなるほど未来の話ではありません。

言えることは、わたしたちにはあまり時間が残っていないということです。

この奇妙な体験は、今、わたしが脇目もふらずに働いていく原動力になっています。

地球自体がなくなってしまうのか。人間の心がなくなるのか。

それ以上のことについての答えを、まだ得ることができていません。

このままだと、地球が滅びてしまうという警告だったのでしょうか。


不思議体験が動機になっているかどうかは別にしても、わたしにはいつも、この地球上の人間たちが平和に、幸福に生きてほしいという願いがあります。

わたしはみんなが笑って暮らせる社会になってほしいと思うのです。

あと何枚もない地球のカレンダーです。

そのカレンダーに出会ったからこそ、なお、人間が環境破壊をこのままつづけると、破滅への道を一直線ということになってしまうと心配しているのです。

人間の破滅の予測は、とても、とてもできません。

というのは、予測できるといったら、大変な反響を呼ぶことになってしまいます。


この不思議な体験で「わたしは、ＵＦＯを見たんですよ」と自慢しているのではなく、こうして地球の他にも、知的生命体の住む星があるのではないか、きっとあるであろうということを知ってもらいたくて話しています。

今までの体験からも、この広い宇宙に知的生命体が地球にしか存在しないとは、とても思えません。

他の星にも、わたしたちよりももっと進化した生命体がいるのです。

そして彼らは、わたしたちの地球の生命を危ぶみ心配しているのに、わたしたちは地球上で争っている場合ではないのではないか、と思っています。

もうそろそろ〝星〟という単位を意識して生きてもよいのではないでしょうか？

日本人としてだけではなく、アメリカ人としてだけではなく、ドイツ人としてだけではなく「地球人」としての自覚を、みんなが持てば、おのずとわたしたちの「思い」も「行動」も変わると思います。

第2章　「水」と「油」のような生き方

水と油は交わることができない

ある女性が赤と青の液体の入ったボトルのペンダントをしていました。

赤い液体が上、青い液体が下。

赤い液体は「水」で、青い液体が「油」です。

動いたり振ったりすると、赤と青の液体は混ざり合うかのように見えますが、静かに置いておくと、再び赤と青の二層に分かれます。


このように「水」と「油」は、混ざり合うことなく、交わることが、ありません。

「水」と「油」は、ケンカすることができないのです。

「水」には「水」の、「油」には「油」の働きがあって、役割りがあります。

きっと「水」と「油」には、それぞれ使命もあると思います。

わたしは、常々「水」と「油」のような静かで平和な生き方がしたいものだ、と思っています。

何で争いを起こすのか

ずっと前、韓国に農業指導に行ったとき、終わってからホテルに帰ってテレビをつけたのです。

韓国はテレビが七二チャンネルもあります。テレビを見ていたら、「この番組は放送禁止になった番組です」って通訳が話していました。「これは事実にもとづいて、真実を映画化しました」って出てきます。

そこに登場したのはキリストで、生い立ちをずっと映画化していました。これは反キリストの人が作った映画なのか？　いいえ、そうじゃありません。「ローマの協力を得て、作った映画です」と書いてあるそうです。

戦争を起こすのはほとんどキリスト教とイスラム教でしょう。なぜ起こすか、あの映画を見て、まさにその通りだなとわかりました。

聖書に書いてある文句と違って、キリスト本人は自分の恨みを果たすために歩いた人だったのです。

自分の目の前で自分の恋人が領主に殺されてしまうのな。

そうするとキリストが同じことを領主にするわけです。

「わたしの恋人がどのような苦しみを味わって死んだか、あなたも味わいなさい」と。

それを映画にしたと聞いています。キリスト教徒にとってみると聞いてはならないことでしょう。

白黒で、字幕が何種類も出るのです。なぜか日本語は出ないけれど、韓国語に吹き替えしたものを通訳さんに訳してもらいました。

あれを見たとき、キリスト教が何で争いを起こすかわかったような気がしました。

こうしたらダメでなく、こうしたらよくなるとなぜ言わない

わたしは、酒を飲んで酔っ払うと言うんだけれど、「モーゼの十戒、お釈迦様の八正見というのは、こうしたらダメですよ、と戒めを言っている。

お釈迦様は八つの戒め。どれも、こうしたらよくなるよ、とは一言もいってない。なぜ皆、信じてるのかなと思う。儒教にしても、こうしたらよくなるとは一つも言っていない。

宗教は一つの哲学だよ。マルチン・ルターの宗教改革のとき、一〇〇円かかったものを二〇〇円で売って儲ける、それは正しいとルターが言ったわけ。

それまでは、金儲けはよくないと言っていたのにさ」

だから宗教改革以来、『ベニスの商人』のベニスがあれほど金儲けをした。

スペイン、ポルトガル、ギリシャ、イギリス、フランス……キリスト教徒がそれから植民地政策をとりました。

そういう根幹となることを今の教育で教えていない。だから利権だけを追求する世界になったんじゃないかな。

そんなことを考えるようになりました。
サウジアラビアの国王みたいに何千兆円あるかわからない金持ちが、これ全部使ってくれ、好きなように金使ってくれといったら、まず宗教改革をする。
本当にそう思う。マルチン・ルターが間違った宗教改革をしたから。

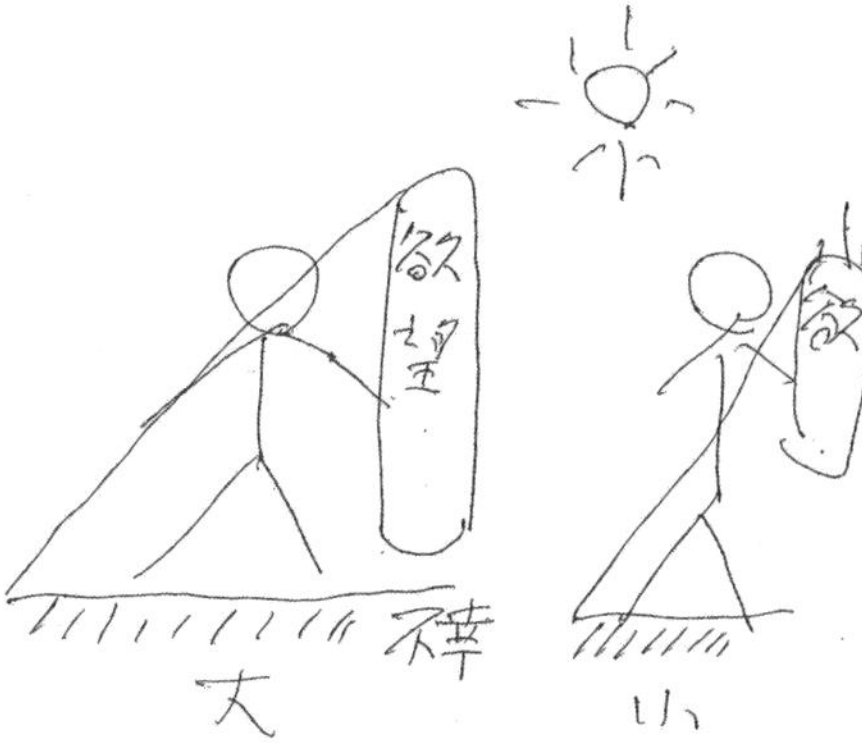

著者説明図

自分の後ろで糸を引いている存在

たった一つのリンゴも収穫できず苦しんでいた年月の中、千日の供養をすればよいとの助言を受け、毎日欠かさず神仏に手を合わせていた時期がありました。けれどもいくら神頼みをしても、一個のリンゴも実を結ぶことはなかったの。

それ以来、二度と神仏に手を合わせることはなく、初詣にも一切行くことはなくなりました。

「苦しいときの神頼み」という言葉がありま

すが、それが間違っていたと感じました。

何億人もの人間が念じる願い事のすべてに応えることは、いくら神仏といえども無理ではないか、願望を神仏には託すまい、けれども結果だけは報告すると、そう決めたのです。

人はそれぞれが、「欲望」という盾を抱えているのではないでしょうか。

お日様から恵みの光が降り注いでも、欲望の盾が大きければ大きいほど、それによって生じる日陰も大きくなり、その日陰がすなわち「不幸」なのだと考えています。

わたしは宗教を信じているわけではありません。

けれども、自分はあやつり人形のようなもので、自分の意図とは別に後ろで糸を引いている存在があるのではないかと思っています。

リンゴが生らない時期、失敗ばかりを繰り返して、物事が思うように運ばない時期には、糸を引いている存在が自分を右に引こうとするのに逆らって、左に行こう行こうとしているのではないか、そんな感覚を覚えました。

一人一人が欲を小さくしないと

インフルエンザで意識が身体を離れたとき、自分の亡骸を見下ろしながら、それが自分自身とは認識できなかった体験から、身体はヤドカリの殻のようなものではないかと感じました。

「魂」や「幽霊」など、呼び方は様々ですが、本当の自分は身体の中にいて、「木村秋則」という身体はただ借りている状態なのではないか、そう思っているのです。

自分のものではなくて、「借り」と「仮り」の体なの。

お世話になった人に「ありがとう」と言うように、自分の身体にも感謝しなくてはと思っています。

こうした宗教にしても、どっちが正しい、どっちが上だとか言って、争いの種になって。何千年もの間だよ。

争いの種は宗教だけでなく、領土、天然資源、人のいざこざ、社会のいざこざ……たくさんあります。

結局は、人の強欲が原因なのではないかな。

人を支配したい。モノを支配したい。土地を支配したいって。

一人一人が欲を小さくしないと、争いのない世界は作れません。

第3章 「すべきこと」を捜すのではなく「すべきでないこと」をしない

誰のせいにもできない。「わたし」に「原因がある」

今の「農業」も「医療」も、そしてわたしたちの生活も、「与える」ことに忙しくて、モノの本質を見失っています。

モノを見る力が退化してしまっています。

どんなことが起こったにしろ、「結果」としての「今」を受け入れ、「原因」を究明する。

誰のせいにもできない。

すべては自分の責任なのですから。

「今」の地球は、こんなにも環境が破壊されてしまった……この「原因」は？

わたしたち人類に「原因」がある。

「わたしたち」と言わず、「わたし」に「原因」がある。と考えるなら、ずっと責任を重く感じざるを得ません。

農薬・肥料・除草剤はいらなかった

わたしが提唱する農業は、農薬・肥料・除草剤をまったく使わない栽培法です。

つまり、自然の生態をそのまま活かし、また利用する栽培をするのです。

農薬・肥料・除草剤を使わず、土の力を引き出す農法です。わたしが目指しているのは、よく乾いた土、ぽろぽろと手からこぼれ落ちるような自然そのものの土です。

栄養豊かな、微生物がたくさん住む自然の土を作ることです。

それが自然栽培の原点です。

簡単に言えば、わたしの提唱する自然栽培農法の根幹は次のようなことです。

①まず、大豆を植えなさい。
②それから、野菜などの作物を育てなさい。
③そして、雑草を育てなさい。
④結果、雑草は邪魔物ではなく、土を作る基礎になります。

現代農業は、土を作るという大きな作業をしてこなかった。
山の土を再現する。土を作る。これが自然栽培の基本になります。
かつて昭和天皇は、土と雑草の働きを熱心に研究されていました。
これは推測ですが、自然の土壌生態を考えておられたのではないでしょうか。
雑草があるから、よい土が醸成され、草木が育つのだということです。
雑草という脇役がいるから、野菜などの主役が目立つのです。

一八世紀末にゲーテによって示されていた農法

二〇一三年一〇月にドイツのケルン市に行って来ました。

そこでは三年に一度、世界最大の「農業ショー」が開かれます。

そのショーは、農業のオリンピックと言われている催しです。

フランクフルトはヨーロッパの心臓部とも言われ、国際的な大きな見本市がよく開催されます。市内のゲーテ記念館にも案内され、足を運びました。

そこでの本に書かれていた言葉を読んで驚いてしまいました。そしてまた、わたしがやっている「自然栽培」の方向性は正しいと、改めて確信することができました。

ゲーテは小説家、詩人、劇作家として世界的に知られていますが、自然科学者でもありました。一七九〇年には『植物変態論』という著書も著しているほどです。

その書のなかで、花弁や雄しべなどは、葉っぱがそれぞれ変化してできたものだと説いています。

わたしたち一行を案内してくれた館長が、うまい具合に日本語が堪能でした。流暢な日本語を話すのです。日本人観光客が多いために、自然に日本語を覚えたのだそうです。

わたしが感動したのは、本に書かれていた次の言葉です。もちろん書かれていた文字はドイツ語です。通訳の方が翻訳してくれました。

「大豆を植え、野菜を植え、雑草を育てなさい。
そうすれば、永遠に農業は可能である」

このゲーテの言葉こそ、わたしがこれまで自分で悪戦苦闘してきた自然栽培の原点だったのです。その哲学がすでに、一八世紀の終わりに示されていました。

しかもゲーテによって示されていたということは、驚きでした。フランクフルトでこの本に出会うまで、わたしはゲーテがそんなことを言っていたとは、まったく知らなかったのです。

土壌改良には大豆を植える、麦を植える、野菜を植えるという方法が、ヨーロッパのドイツですでに一八世紀末に採用されていたとは……。

ゲーテの言葉をもっと早く知っていたならば、わたしもあんなに苦労せずに、もっと早くに自然栽培ができていたかもしれません。

わたしもそれが当たり前だと思っていた

リンゴは農薬で作ると言われるほど、栽培には農薬散布を欠かすことができませんでした。わたしの一家の収入はリンゴが頼りでした。

リンゴの害虫は三〇種を下らないと言われています。

虫食いのない、甘くて、大きなリンゴを作るには、青森県で発行されているリンゴ用の防除暦を使わなければなりません。時期ごとに散布すべき農薬と濃度が設定されており、その使用すべき農薬の容量といったら大変なものでした。

今では農薬の安全性についての研究も進んでおり、厳格な使用基準が設けられています。使用する濃度、頻度、時期なども、きちんと決められています。日本では残留農薬の基準が厳しく、できるだけ農薬の使用量を減らす方向にきていますから、出荷されるリンゴの残留農薬は、厳しく取り締まられています。しかし、リンゴを作っている農家の人々は、まだまだ農薬に直接関わっているのです。

たまたま、わたしの妻が農薬に過敏な体質で、大量の農薬散布はできなかった。農薬を散布するたびに、一週間も床に就いてしまうという状況でした。

妻は農薬の臭いで吐き気をもよおすほどで、散布中に畑で倒れたこともあります。その症状がだんだんひどくなっていったのです。

妻の健康を考えると、農薬を防除暦通りに使うことができなかったのです。

わたしが使っていたのは、コバルトブルーのきれいな硫酸銅の青い結晶で、それと生石灰を混ぜて使いました。これはボルドー液という日本では明治時代から大正、昭和にかけて使われてきた一般的な農薬です。

親たちがそれらの農薬を使ってリンゴを作っていたのです。

だから、わたしもそれが当たり前だと思っていました。

でも、妻が寝込んだりするので、なんとかしなければならなかったのです。

ムシが一匹、二匹出たら、すぐ農薬をまく農業はおかしいのでは

一般の農家が殺虫剤もなにも使わなければ、リンゴの場合、九〇％減収するそう

です。

青森県のようにリンゴが基幹産業のところでは、「農薬なしに、リンゴは生産できない」というのは間違いではありません。

でも、リンゴ以外のイネや野菜などは、三〇%程度の減収で済みます。

だから、わたしが言いたいのは、ムシが一匹、二匹出たからといって、すぐに農薬をまいてしまう現在の日本の農業は、おかしいのではということです。

生産地と消費地との距離が遠ければ遠いほど、農家がどんな栽培法でやっているか、なかなか実態を把握できません。

見栄えがよいものが安心・安全かというと、そうではないのです。

ちょっとムシが食べたあとがあっても、そのほうが安心かもしれません。

また、濃い緑色でキラキラ輝いて、目にも美しく見える野菜たちは、たっぷりと肥料や農薬を与えられた野菜たちだということを、消費者も理解したほうがいいですね。

道端に生えている雑草はみな、あまりぱっとしないくすんだ緑色です。店頭に出ている野菜はみんな、元気いっぱいにピカピカ光っています。

人間がつくる作物だけが、これ見よがしに濃い緑色で光っているのはおかしいと思いませんか。その辺から考え方を変えていかなければと思います。

日本の農薬使用量は世界一

リンゴ栽培は、昆虫、カビ、ウイルスなどとの闘いで、防除暦に従ってやれば、それらの悩みから解放されるのはだれでもわかっています。

でも、それには大量の農薬を散布する必要があり、人体へのリスクがあるのです。

その大きなリスクを背負って栽培しなければならない。

リンゴ栽培の歴史は、ムシと病気との絶望的な闘いだったのです。

「本当に現代農業は、リスクを背負わなければやっていけないのか」

わたしの自然栽培は、そんな疑問からのスタートでした。

実は、日本での農薬使用量は世界で一番多いのです。

除草剤の使用量もまた、世界一なのです。

中国の野菜が危ないから、買わないという消費者が少なくないようですが、中国の農薬の単位面積当たりの使用量は日本より少ないのです。

韓国は日本に次いで多いのですが、肥料と農薬を減少させようと取り組んでいます。

日本の農業は、なんとかしてこの汚名をなくすように意識を変えていかなければならないと、わたしは思っています。

第4章 「病気」も自然の一部です。勝手に癒しが起こります

自分のしたことが病気を作っていた

わたしは、リンゴの樹が虫だらけになり「病気」になっていたとき、必死で、虫と病気と闘いました。何百種類という農薬に代わるものをリンゴの木に散布して、闘い抜いて、敗れて死んでしまおうとまで考えたのです。

闘っても、何もいいことはありませんでした。

「病気」の「原因」は、与え過ぎていた「農薬」にあった。

自分で施用した「肥料」にあった。

刈り過ぎていた「草」にあったのです。

自分のしたことが「病気」を作っていたのです。

リンゴの木は、自然の山の再現した「土」で根を養い、自己治癒力を持ったのです。虫にも「病気」にも耐える力をつけたのです。

人間の体の「病気」も一緒ではないでしょうか。

ムシが姿を消したのは

わたしの畑には、農家の人々がたくさんやってきます。

その人々は、わたしの畑に入るなり「おたくの畑では農薬を使っていないから、ムシがいっぱいいるでしょう?」と、異口同音にたずねます。

ところが、七〜八年前からムシたちがまったく姿を消してしまったのです。

どうしてだろうかと考えてみました。

不思議な現象が起こると、わたしはいつでも、「どうしてだろう?　なぜだろう?」と一生懸命に考えて、原因を突き止めるまで模索します。

現在のところ、わたしなりにたどりついている結論がありますそれは、「ムシが姿を消したのは、ムシ同士の争いがあるのではないか」ということです。

「ムシがムシを食べる」という現象が起きているのではないかと。益虫も害虫もみんな食べ合っているから、ムシがいなくなったのではと思っています。

これまでの体験では、一番手こずったのがハマキムシです。

リンゴの木の枝がしなるほどついていて、何年も何年も、ハマキムシ取りに追われていました。

ハマキムシには二種類あって、茶色と青色です。三センチぐらいの大きさです。

リンゴの葉っぱが芽生えてくるとすぐに、ハマキムシはそれをどんどん食べてしまう。

リンゴの生育のために重要なことは、根もそうですが、葉っぱが元気かどうかなのです。

その葉っぱが、ハマキムシにものの見事にやられてしまう。まだつぼみのままのリンゴの花びらのなかまで入り込んで、食い尽くすのです。

いつだったか、わたしのリンゴ畑で、あらゆる種類のハチが大発生したことがあります。

ハチの巣がリンゴの実のように木になってな、そのハチの巣を割ってみたら、ハマキムシやら毛虫やらがビッシリ詰まっていてさ、腰ぬかすほど驚きました。

ハマキムシは増殖力がすごくて、一回に卵を五〇個ぐらい産みます。

そのハマキムシの駆除の労苦は、ここ七〜八年前から解放されています。

ハチと言えば、世界的な物理学者・アインシュタインが、「ミツバチがいなくなれば、人間は四年しか生きられない」という言葉を残しています。

日本ミツバチはさ、激減してしまったんだよな。

浸透性農薬が原因でさ。

土の中に自然の生態系が戻れば

土壌には、「単粒構造」の土と、「団粒構造」の土があります。

単粒構造の土は、粒子が少なくて固く、水はけも悪く、目詰まりを起こしやすいので、植物は根を十分に伸ばすことができません。

肥料を入れると土が硬くなって冷たくなります。

農薬と肥料をたっぷりと与えられた土壌は、単粒構造になります。

一方、団粒構造の土は、粘度や砂の粒子、植物由来の腐植土などが混じり合って構成されているため、植物が根を伸ばすのにはちょうどいい程度の隙間ができ、保水や排水にも優れています。植物にとって、団粒構造の土が理想的なのです。

わたしの畑の土の粒子は、農薬や肥料を使っていないので、団粒構造になっています。握ってもすぐにほぐれてしまうほど、やわらかです。

結果、植物が自由に深く根っこを伸ばせる環境を提供できるわけです。

この環境ならば、植物たちは元気いっぱい、生きいきと育つことができます。

また、団粒構造の土壌に住んでいる、生物たちの種類が抜群に多いのです。

生物たちが自由に、活発に動き回っている環境では、土壌バクテリアたちが分泌する物質が、植物の根などと結びついて、申し分のない栄養で土壌を豊かにします。

たとえば、ミミズなどが排泄する物質は、団粒構造に大いに役立ちます。

ひと握りの土のなかには、無数もの微生物が生息しているそうです。

ここでいう微生物のほとんどは、細菌やカビの仲間です。ミミズやダニやシラミももちろんいますが、細菌の数に比べたら、そのように目に見える生きものの数は、比較にならないほど少ないのです。

ひと握りのよく肥えた土には、なんと千億単位の細菌が生息しているそうで、夜空を見上げたとき無限にある星のようかもしれません。

ところが、この団粒構造は、農薬や肥料や除草剤などによって崩れてしまう。農耕機械などの使用によっても、破壊されてしまいます。

気候の温暖化や水害などが繰り返されても、ダメになってしまいます。

だからこそわたしは、農業のみならず、自然の生態系をもういちど見直そうと提案しているわけです。

わたしの畑の収穫物からは放射能が検出されない

団粒構造の土は、作物に放射能が付着するのを防いでくれます。団粒構造が進めば進むほど、放射能は土の表面にのみ付着して内部までは浸透していきません。放射能にはそのような働きがあるのです。その最たるものがセシウムです。

わたしの畑の収穫物から放射能は検出されません。

土があまりにも細か過ぎ、なおかつさらさらしていて固まりにくい。だから、放射能がたっぷり土の表面に降り注いでも、作物は深く根を張っていますから、土の表面に堆積している放射能に、なかなか触れにくいわけです。

わたしの畑の収穫物から放射能が検出されないのは、団粒構造のお陰なのでしょう。

この放射能問題についてでは、二〇一二年、わたしに賛同してくれた福島県の農家によって実証されています。

その農家と一般農家とは、畦《あぜ》ひとつしか隔てられていません。

それでも肥料や農薬を使った隣の農家の田んぼから、セシウムが大量に検出されました。

一方、わたしに賛同してくれた農家では八年もの間、肥料や農薬を止めて自然栽培をしています。

そこの田んぼのコメからは、放射性物質はほとんど出ませんでした。

このことについては、専門家によってきちんと分析され、実証されています。

もちろん、放射能はゼロではないと思います。放射能検出の表を見ると、五μdB以下は検出不能であり、これは常識的にはほとんど出ていないと考えてもよいでしょう。

これもまた推測ですが、土のバクテリアのなかに、セシウムを食べるバクテリアがいるのかもしれません。まだ、そこまでは研究・調査されていないので、はっきりしたことはわからないのです。

秋になっても葉っぱが青々としているリンゴの不思議

わたしのリンゴ園と周辺のリンゴ園との違いは、秋の終わりになっても葉っぱがついているか、いないかです。

一一月の中頃になっても、わたしのリンゴ園以外の周辺のリンゴの木々には、まだ青々と葉っぱがついています。

ところが、わたしのところだけはすでに葉っぱは落ちてしまっています。

なぜでしょう？　でも、この季節には葉っぱがないのが自然なのです。

山を見てください。厳しい冬を乗り越えるために木々は紅葉し、葉っぱを落として冬への準備をしています。

リンゴの木もバラ科の落葉果樹です。

だから、雪が降りそうな寒い時期になってもまだ、葉っぱがついているほうが不思議なのです。

肥料や農薬をやっているリンゴ園の葉っぱは、雪が降ってもなお青々としています。

つまり、肥料や農薬をたっぷりと与えられたリンゴの木々は、自然のサイクルが狂ってしまって、季節を忘れさせられているのです。

リンゴの木の本性に逆らって、人間が葉っぱをつけさせている。

また、わたしのリンゴ園では、肥料や農薬を使わなくても三〇年以上も実るということが不思議です。

普通に考えると肥料や農薬をやらないと、実がならないのが当たり前です。リンゴの木自体は一〇〇年でも生きるのでしょうが、雪や台風などでダメージを受けてそうはいきません。この地では、三メートルほど雪が積もるのも珍しくはないからです。

雪の重みが堪え難くて、リンゴの木々はものすごい苦労をしています。秋になって葉を落として雪に備えて枯れたリンゴの木々を見ると、感慨深いものがあります。自分は人間という生きものとして、リンゴという生きものに長年、向き合ってきたなと。

苦労の年月は、リンゴの木と向き合うための時間であったなと。

菩提樹の代わりにリンゴの木の下で座禅組んだみたいだった。

リンゴは風に体をまかせて動いている

自然というものは、すごい能力やエネルギーをもっていると、感心させられています。

わたしのリンゴ園では、よほどの強い台風でなければ、なぜか実が落ちません。周りの畑のリンゴが落ちても、うちのは大丈夫です。

なぜか理由はわかりませんが、リンゴ自体、風に体をまかせて動いているのではないかと推測しています。

ときには、大雪で開花がかなり遅れることもあります。

たとえば、二〇一三年には、四月三〇日でもまだ雪が残っていました。

これは長年リンゴ農家をやってきて初めてのことでした。温暖化の影響なのでしょう。マスコミの報道によると、北極海の寒気団が日本に近づいていたから大雪になったと。

気候変動に農家は十分注意が必要なのです。

この年の開花は遅れて、わたしのリンゴ畑で一番早く咲いた花は五月二八日でした。この時期にリンゴの花が咲くのは、これまで経験しないほど、遅いのです。

でも、雪は害だけを人間に与えているのではありません。

雪が積もる地方の土は、肥えています。

関東のように雪の降らない土地は、寒波に直接さらされるために痩せている。

三〇〜四〇年も経ったリンゴの木々なら古株のほうですが、どんなに寒波にさらされても、リンゴの木は、木質部よりも皮が生きていたら大丈夫なのです。ちゃんと生き返ります。

毎年、一一月になると、わたしのリンゴ園では、葉を落としたリンゴたちは穏やかに微笑みながら、真っ赤な実をつけます。

この風景も一二月になると、一面、白銀の世界になります。

どこを向いても真っ白。翌年、二月からは一番大事な作業である剪定が始まります。

除雪車は生活道路が中心ですから、わたしの畑へとつづく小路までは除雪車が入りません。下の道路で車を降りて、まだだれも歩いていない、道がついていない坂道の銀世界を歩いて上るのは大変な作業になります。

それでもわたしは、リンゴの木々たちと会話をしながら過ごす時間がなによりも好きだし、大切だと思っています。苦労だなどとは感じていません。

隣のリンゴ園でも、来年から肥料をやらないことにしたそうです。

わたしの提唱する栽培法に理解を示して、実行する農家が少しずつ増えているのは嬉しい限りです。

木々は圧倒されるほどの自然治癒力をたくわえている

リンゴの木は、自分の葉っぱの病気を自分で治療します。病気や災難を最小限に食い止めようという働きを起こして、葉を落としてしまうことがあります。

これはリンゴの木々が自ら、自然治癒力を実践しているためです。

また、葉っぱに自分で穴を開けて患部だけを枯らして落とすことがあります。

葉っぱの本体はそのままに、患部だけを処理しているのです。

そして、葉っぱ全体には影響をおよぼさないようにしている。

この実証は弘前大学農学部が行いました。比較対照するために、わたしの畑のリンゴの木の葉っぱ三〇〇箇所、一般栽培のリンゴにも同数の葉っぱに病原体菌を筆で塗って確認したのです。

その結果、やっぱりわたしの畑のリンゴの葉っぱの病気の患部は、レースのように自分で穴をあけて枯らして、自分の葉っぱの一部を治療したのです。

一方、一般栽培の葉っぱは、一枚ごと全部枯れて落ちてしまいました。

この思いがけない現象に出会って、わたしは自然の持っている力のものすごさを感じました。圧倒されるほどの力、自然治癒力を木々はそれぞれにたくわえているのです。

この自然治癒力があるからこそ、わたしの畑では、肥料・農薬を使わなくてもリンゴが実っているのではないかと考えています。

農薬、肥料を与えない自然栽培に、栄養過多の人間の病気との共通点を感じます。

「ガンにさ、共に仲良く生きようぞ、と話しかけてみたら？」

がんセンターに友人を見舞ったことがあります。
〝手術もできない、ただ死ぬのを待つばかりだ〟
と、諦めている友人に、
「あと一年も生きられないなら、
思いきって、ガンと仲良くしてみたらどうだろう？
だってよ、あなたが死んでしまっては、ガンだって生きていけないでしょ？
だったらよ、ガンにさ、共に仲良く生きようぞ、と話しかけてみたら？」
友人は、
〝それもそうだな〟
と、毎日、自分のガンに話しかけたそうです。

〝おはようございます。今日も一緒に生きていきましょう！〟
〝お元気ですか？　わたしを生かしてくれて、ありがとうね！〟

余命の一年はとうに過ぎ、三年目の今も、ガンと仲良く生きています。

病気は自然の一部・・・
ガンと仲良く・・・
ガンと話す・・・
ガンと共に生きる・・・

こういう考え方があってもいいのではないか、と思います。

対症療法よりも、病気の原因を追求する必要がある

本来、人間にも体内のよい菌が悪い菌を退治する力があったはずです。

それが食べるものによって、悪い菌を増殖させてしまって異変をきたしてしまっている。

食べるものを変えることで、体も変わるし、食べるものを変えると、心も変わります。

ニュージーランドでは世界にさきがけて、牧草の八〇%にエンドファイト（内性菌）農業栽培が行われています。そこでは、かなりの経済効果があったと報告されています。

日本でも北海道・美唄市などのコメづくりで、田植え前の苗に微生物を蒔いて農

薬を半数量に減らすなど挑戦中です。

一方で、エンドファイトという微生物を大量に使用することでの生態系への影響などの問題も出てくるでしょう。この菌がすべてよいとは言い切れない。

この菌だけが集まれば悪さもするはずです。

この世界の菌には、よい菌とか、悪い菌はないのです。

自然界には、害虫とか、益虫とかがないのと同じです。

たとえば、テントウムシは益虫だと一般的に言われています。アブラムシを食べるからよいムシであると。

リンゴが実っていないとき、わたしはテントウムシがアブラムシを一日に何匹食べてくれるかを四〜五日間観察しました。

テントウムシには羽根がありますから、すぐに飛んでしまいます。だから、テントウムシを見つけるとすぐ、飛んでいかないように妻が作ってくれたおにぎりの飯粒をノリにして固定しながら観察したのです。

結果、テントウムシは一日に数匹のアブラムシを食べただけ。幼虫のほうがよく食べてくれましたが、それでも一〇匹程度でした。益虫と言えるほどの数ではないでしょう。

ときには、ある種のものだけが増えれば、悪になるのです。

いずれにしても、化学肥料と農薬という環境汚染の生みの親への対策は、これからさらに必要になってきます。

生物多様性条約締約国会議などでも、生物と農業との関係性が真剣に問われるようになってきています。

昔の人々は自然によく感謝した

奇跡のリンゴがこの先どうなるのか？　それはわたしもわかりません。

過去に蓄積された事例が世界的にもないからです。

裁判所の判決のように、過去の判例に基づいて判断することができないのです。

わたしはよくリンゴの木に言葉をかけます。

昔の人々は、自然によく感謝したものです。

タネをまいて芽が出てくると愛おしくて「よく頑張ったね」と声をかけて、風が強いときには、覆いをかけてやったりしていました。

リンゴの木が実をつけてくれない間に勉強したことが、今、大変役に立っています。

リンゴの「自然栽培」に取り組んで、それが成功するまでは苦労が多くて、死んでしまおうかと思ったこともありました。

今になって思うのは、リンゴはわたしに、「人間はどう生きるべきか」を教えてくれたと感謝しています。

「みんなのために生きなさい」ということを教えてくれたのです。

わたしがやったのは基礎であって、これからはわたしがやってきたことを踏み台にして若い人たちが新しい日本、新しい農業、新しい食を創造してもらいたいと思っています。

第5章　食べものを変えると心も変わる

日本では認められている毒を含んだ食品

海外では認可されていない食品添加物でも、日本では当たり前のように使用されています。

一般に市販されている真空パックのハムを山で食べていたときのことです。地面に落とした肉片に蟻が行列をなして集まってきたのですが、数時間経った後にはすべての蟻が死んで、動くことのない一本の黒い筋ができていたのです。それは慄然とする光景でした。蟻の群れを全滅させてしまうほどの毒を含んだ食品が、日本では認められているのです。

今からもう二〇年以上昔にさかのぼりますが、地方で講演を行ったことがあります。

ガンと言えば胃ガンが圧倒的に多かった当時、「今後、ガンの発生部位は膵臓から幽門へと移り、最終的に大腸ガンがほとんどを占めることになるでしょう」と話をしました。

そうしたら「医者でもないのに農家に何がわかる」と現地の医師会から大変な剣幕で抗議を受けたのですが、実際に日本での大腸ガンの死亡率は年々すごい勢いで上昇してきました。

二〇〇〇年代には大腸ガンになる患者数は毎年一〇万人を超えるようになり、二〇二〇年の時点では男女をあわせた日本人のガン罹患数は大腸ガンが胃ガン・肺ガンを抜いて一位となると言われています。

現在の若い世代には、親知らずの生えない人が増えてきました。

歯の本数が足りないというのは、柔らかいものを食べ過ぎたせいでも、流動食が増えたからでもありません。

お母さんから子どもに伝わった遺伝子が、この世界に類のない奇形を生みだしているのです。この原因も、家庭内の食事が影響しているのだとわたしは考えています。

心も身体も健やかで初めて「健康」

健康という状態は、身体が健やかで病気のない状態と捉えられがちですが、わたしはそれでは足りないと思います。

古い文献や石碑には「健体康心」という言葉が残っています。いつのまにか「心」が抜けてしまいましたが、心も身体も健やかで、はじめて「健康」と言えるのではないでしょうか。

食べものを変えると心も変わります。その顕著な例を、わたしは大規模な養豚農家で見てきました。

養豚場は工場という言葉がふさわしい環境で、セメントの塀で仕切られた一〇〇や二〇〇の小屋の中に、一区画三〇匹ほどの豚が飼われています。

その中に一頭、尻尾のない子豚がいます。豚はストレスを発散するために、他の豚の尻尾をかじっていじめるのです。

いじめは同じ小屋の他の豚たちにも伝染し、一頭の子豚が集中して尻尾をかじられます。いじめられた子豚は尻尾を失い、決して成長することはありません。その光景はさながら小学校や中学校のいじめの現場を見ているようです。


なぜ豚たちのあいだでいじめがはびこるのか。わたしは、その理由は食べものにあると考えています。高タンパク質、高エネルギー、高カロリーの人工合成された餌を与えられた「養豚工場」の豚たちに比べて、自然な餌を与えられた養豚場の豚たちは安定しています。

食べるものを変えるということが、性格を変え、心も変える――それは豚だけではなく、人間にとっても同じことが言えるのではないでしょうか。

肉だけを食べていると畜生のような性格になると、昔から言われています。肉を食べたら、その動物の魂をもらっているのです。

動物の、そして作物のおかげでわたしたちは生かされています。ですから、「ごちそうさま」という思いを持ち、言葉に出すことを忘れてはならないと感じます。

ごちそうさまの意味

「ごちそうさま」という言葉の意味が、今の日本では間違って解釈されていると思う出来ごとがありました。

ある小学校で、ＰＴＡと一緒に食事をしたときのことです。

食事の初めと終わりに「いただきます」「ごちそうさまでした」と声を揃えると、一人のお母さんが抗議をしたのです。

食事の代金は払っているのに、なぜ「いただきます」「ごちそうさまでした」と言わなくてはならないのかと、納得がいかない様子でした。

自分を生かしてくれる食べものに対する感謝の思いが、「いただきます」「ごちそうさま」という言葉となって現れる——昔ならば当たり前だと思われていた習慣も、現代は失われつつあります。

お金はさ、そんなに偉くないでしょう。

だってさ、リンゴ一つ木に実らせることもできないんだしさ。

食育が本当に必要なのは、お母さんたちではないでしょうか。

科学的に合成された薬が人体に及ぼす影響は、作物に対する化学肥料の効果と酷似している気がします。化学肥料を与えた作物は、確かに初期生育はよくなります。

ところが肥効切れという現象が起きて肥料の力がなくなると、急激にその成長は止まってしまうのです。

薬でコントロールする血圧が、極端に上がったり下がったりするのも、同じことではないでしょうか。

血圧を薬で下げることは可能ですが、日々の食事を制限し、生活リズムを整えれば、血圧の極端な昇降は避けられると思います。

薬も、肥料や農薬も、日常的に使用するのではなく、どうしても困ったときの非常手段として使うべきではないのでしょうか。

肥料を与えなければ作物は育たず、農薬を使わなければ害虫が駆除できない状態が当たり前になって日本という国が維持されている現状は、おかしいとしか思えません。

無農薬、無肥料栽培が不可能と言われていたリンゴでも、自然栽培が可能だということを実証することができました。

薬漬けの栽培から自然に移行するのに、時間はかかるかもしれません。しかし、不可能ではないのです。

あるものを生かす

現代社会の抱える問題のほとんどが、現実とかけ離れた数字のデータのみを追いかけ、効率を重視しすぎたために生まれたのではないのでしょうか。

世界規模の不況を呼んだ株の売買や投資は、バクチ的な要素を多く含んでいます。

実体のないものを追い求めた末に経済が破綻してしまうことが再びないように、「あるものを活かす」という考え方に立ち返るべきだと思います。

例えば灰皿一つでも、食べものを入れれば食器となり、水を入れればコップの代用として使えます。たった一枚の灰皿が、「煙草を入れるもの」という固定観念を離れることで、ありとあらゆる可能性を持つ一つの入れものになります。

「あるものを活かす」ための想像力を養う教育も、必要とされていると感じています。

教育の現場でも、数字による比較が支配しています。

三〇点の子をどのように八〇点に持って行くかというのが、教育の課題であるはずなのに、八〇点を取る子は勉強する「良い子」であり、三〇点しか取れない子は勉強しない「悪い子」と線引きされてしまう現状は、間違っていると感じます。

かつての日本社会の、お父さん、お母さんを尊敬し、仲間はお互いに協力をし合い、自分より弱く若いものは手を取り合って引っ張って行く。そういう心が、何か薄れたような気がしてなりません。

戦後、貨幣経済が主流になって、数字でしか物事を判断できない現在の構造ができてしまったのではないでしょうか。

科学では、目に見えないものは「ないもの」として扱います。けれどもわたしは本当に大事なものは目に見えないと思っています。

心を形にして出すことはできません。心を見せることはできませんが、行動にして表すことはできます。それは心が自分の身体を動かしているからです。

急激にではなく、少しずつ変えていかねば

作物というものは急激な変化を望みません。肥料をやるのを一気にやめたから、わたしのリンゴの木は枯れる寸前の、飢餓のような状態にまでなったのです。

そこまで極端な転換は必要ないと思っています。肥料や農薬を一度にすべて止め

るのではなく、畑を十分割したうちの一つだけ、肥料も農薬もゼロにしてスタートする、そんな穏やかな変革がよいのではないでしょうか。

社会も同じで、急激に変化させるのではなく、少しずつ変えていかなければならないと思います。一度に千人の集会を開くのではなく、わずかな人数に向けて語りかける中から、一人でも呼応してくれる人が出てくれればいい。

そう思って今まで歩いてきました。

わたしは農家ですから、やはり農家から変えて行きたいと願っています。それもいきなり世界の農業を変えるのではなく、日本から、そしてなによりもまず故郷の青森から変えることを願っています。

百姓を通して見たものは、やはり百姓に理解してもらいたいという気持ちがあります。

ただ、自然栽培というものがあまりにも急激な変化であるために、百姓にはなかなか浸透しないという状態が続いていました。

それが今、状況が変わりつつあります。

農業ルネッサンス

「奇跡のリンゴ」が有名になって、講演のために全国各地に招かれるようになりました。消費者の間で安全な食物を食べたいという需要が高まり、食の安全性や農薬の害などについても、食べる側の人たちが、生産者に先んじて理解してくれるようになったのです。

日本の農業が置かれている現状も厳しいものです。安全な食物を求める消費者に応えるため、農家も変わって行かなくてはなりません。現在各地の農家が地域ごとに集まって、無農薬、無肥料の栽培を始めようとする機運が高まり、わたしは農業指導のために日本中を回っています。

土壌や気候、風土などの条件は一様ではありませんが、それでも自然栽培の芽は全国各地に生まれているのです。

わたしのしていることは各地に針の穴でついたような小さな点を残すことかもしれませんが、その点が段々大きくなって、それぞれが独自に動き出している兆しが見えます。

効率重視の農業から原点に立ち返る、この活動をわたしは農業ルネッサンスと呼んでいます。誰もが安全な食物を食べられるようになるまで、この活動は続けていきます。

第6章　「時空」を超えた世界がある

わたしたちの想像を超えた世界が存在する？

一七歳のときに、わたしは「龍」を見ています。このとき、周りの時間も空間も止まったような体験をしました。

時間の隙間に紛れ込んだかのようでした。

時間も空間もわたしたちが「ある」と思っているだけで、それをはるかに越えた世界（次元）が存在します。

死後の世界も同時に存在しています。

わたしたち人間が、この地球の生命体として頂点に立っていると考えるのは、どんなものか？　わたしたちの想像を超えた世界が存在すると考えることができたなら……。そうすれば、わたしたちは「自然」いや「宇宙」に対してもっともっと「謙虚」になれるのではないでしょうか？

わたしたちは頂点にいるのではない……もっと降りていく生き方をしなくては。限りなく発展していく中で、原始的な生き方があってもいい、原点に還らなくてはと思います。

臨死体験

わたしはこれまでに二度、死後の世界を訪れたのではないかと思う体験をしています。

二歳のときの記憶が一つだけ残っています。風邪をこじらせて肺炎を併発したわたしは、助からないかもしれないという状況にまで容体が悪化したそうです。

昭和二六年か二七年当時の青森県の農村は、医療設備が整っているわけではなく、村に医者が一人いるかいないかという環境でした。いつ死ぬかわからないと父が医者に告げられていたその晩の情景を、はっきりと覚えています。

わたしは布団に寝かされ、薪ストーブを囲んで祖父母と両親も同じ部屋に寝ていました。

夜中に父が起き上がって、トイレかどこかに出て行くのを見ていました。するといつの間にか、巨大な鬼が現れたのです。

親に先だって死んだ子どもが賽《さい》の河原で石を積むけれど、せっかく積み上げた石を鬼によって繰り返し壊されてしまうという言い伝えがありますが、わたしが行った場所は違いました。

ロープに吊り下げられた巨大な桶の中に大勢の人が押し込まれて、鬼がそのロープから手を離すと桶が落ちていくということが、延々と繰り返されていたのです。

遠くには針の山も見えました。

わたしは鬼の傍に立っていたのですが、鬼に頭を掴まれて、邪魔だ、ここにいろとその脛《すね》毛に掴まらされました。

恐怖を覚えた記憶はなく、ただ必死でダッコちゃんのように鬼の脛毛にしがみついていたのを覚えています。

わたしの見た光景が地獄絵図の中にあった

後でわかったことですが、父が夜中に出て行った先はトイレではなく、熱の下がらないわたしのために山まで解熱作用のある植物を取りに行ったそうです。

津軽地方には「蛇の松明」や「泥棒芋」と呼ばれている芋があり、大変効果的な解熱剤となるのです。

父がこの芋をすりおろして足の裏と胸に塗ってくれたおかげで、わたしは一命を取り留めました。

その後はすっかり元気になったのですが、五歳になったある日、母に連れられて訪れた弘前の長勝寺で見た地獄絵図の中に、わたしが目撃した光景とそっくり同じ場面を発見したのです。

初めて見る絵を前にして、自分の行った場所はここなんだと母に告げていました。

二歳のときに死ぬ予定だったのが生き永らえ、その後の人生で宇宙人や龍に遭遇するなど不思議と思われる体験を何度もしていますが、ひょっとしたら人に見えないものが見えるのは、地獄に行ったときに、頭の周波数のようなものが変わってしまったせいではないかと思います。

波長が合わないと見えない。

波長が合うから見えるのです。

見えないものを見ることのできる人がいたから、地獄だって、龍だって天使だとかも絵になったり、彫刻になってさ。世界中の美術館に残ってるでしょう。見えないものを見ることのできる人は、世界中にいるんだ。

気づいたときに大きなシャボン玉の中に包まれていた

大人になってから、もう一度死後の世界をさまよいました。

インフルエンザから高熱を出し、下着一枚で電気毛布にくるまっていたときのこと、寒くて震えながらいつの間にか意識を失っていました。

気がついたときには辺りに大きなシャボン玉がいくつも浮かび、いつの間にかその中の一つに包まれていました。

室内で寝ていたのですから上にあるはずの天井がなぜか感じられず、そのまま三メートルほどの高さに浮かびあがって自分の身体を見下ろしていました。

不思議なことに、横たわる自分の亡骸が、誰のものなのかわからないのです。

そのうちに女房が現れてわたしの身体を揺すっている光景を、ずっと「誰なんだ、あの人は誰なんだ」と思いながら自分自身を見下ろしていました。


よく書物などでは、死は壮絶な苦しみを伴うものとして描かれますが、わたしの場合はまったく苦しみを感じませんでした。

ただ、楽しい、嬉しい気分でした。

何気なく口に手をやると、ないはずのわたしの歯が全部揃っています。

そしてパンツ一枚で寝たはずが、格子柄のワイシャツを着込み、ズボンとズックを身に着けているのです。

そのとき初めて、「自分は死んだんだ」と気付きました。

シャボン玉はふわふわ上昇し、いつかわたしは砂浜のような、とても歩きづらい場所にぽつんと立っていました。

光のない、真っ暗な空間です。

そこで誰かがあちらに行けという指示を与えてくれるわけでもなく、ただよくわからないままに歩き始めるのです。

しばらく歩くと一つの門をくぐり、山が見えました。


ここが死後の世界だということは既にわかっていましたから、何気なく祖父と祖母はどうしているかなと考えました。

考えたその瞬間に、二人が目の前に現れたのです。

記憶しているそのままの姿で現れた祖父母でしたが、再会を喜ぶ気配はまったくなく、わたしが誰かもわからない様子です。

感情のようなものは感じられず、ただ迷惑そうな表情で、機械的に「誰だ。お前誰だ」と尋ねるのです。

わたしが「俺だよ、秋則だよ」と訴えてもわからない様子で、わたしが呼び出したことに対して「そんなことしないでくれよな」というような言い方をして、突然消えてしまいました。

生まれ変わる人の列

その後も歩き続けて、六つ目の門をくぐると、肩まで髪の伸びた人が二人すっと現れ、「案内する」と申し出るのでついていきました。

しばらくするとなだらかな斜面に家のような建物が無数に立ち並ぶ場所に出ました。

どの家にも窓も戸もなく、一軒に一人ずつ、白いゆるやかな着物をまとった人が住んでいる様子です。

そこで白い帯状のものが、はるか向こうの山まで糸のように続いているのを見ました。

近づくとその帯は白い着物の人々が、ずらりと並んで、何かの順番を待っているのだとわかりました。

列は一本の川から伸びていて、案内人のように見える肩まで髪の伸びた人が二人、川に入っていました。

列に並んでいる人はみな同じような顔で、自分の順番が回ってくると川に背を向けて立ち、案内人の二人によって川に流されていきます。

「何をしているんですか？」と聞くと、「生まれ変わる人たちです」という答えが返ってきました。

わたしの経験した死後の世界は、それまでに耳にしていた臨死体験の話とはまったくかけ離れたものでした。

三途の川を渡ったわけでもなく、ご先祖様が迎えに来てくれたわけでもなく、無数に降り注いできたシャボン玉に乗っていつの間にか移った世界でした。

なぜか記憶を失うこともなく、またこの世に戻ってくることができたのですが、帰りもシャボン玉に乗って、横たわる自分の身体を再び見下ろしていました。

そしてわたしの魂も水平に浮かび、もとの身体にすっと重なるような気がしてこの世での意識を取り戻しました。

「二三回生まれ変わっていますね」

二度目の臨死体験には、後日談があります。

一年ほどたったある日、わたしは講演を行っていました。話を終えたとき、わたしに会いたいという女性からの電話がかかってきたのです。

時間に余裕があったので承諾をし、待つ間に駐車場で煙草を吸っていました。

駐車場は車でいっぱいでしたが、車間の細い隙間を通して、一台の車が現れ、若い女性が降りるのが見えました。

驚いたことに、一面識もないその女性は、わたしの居場所を知っているかのようにまっすぐにこちらに向かって歩いてきたのです。

彼女の側からはわたしは物陰に隠れて見えないはずなのに、不思議でたまりませんでした。

さらに驚くことには、その女性は、わたしがシャボン玉に乗って浮かんで行ったとき、別のシャボン玉に自分も乗って一緒にあの世に行ったと言うのです。彼女はわたしの体験した一部始終をすべて知っていました。

彼女は自身のことを「木村さんのあの世への案内人」と呼んでいました。

そして、「あなたは、あなた自身を知らなすぎる」と告げられました。

わたしが自分自身を知らないということが、その女性がどうしてもわたしに伝えたかったことなのでしょうか。

名前も連絡先も聞かなかった今では、知る術もありません。

不思議な訪問者は、彼女だけではありませんでした。ある日ひょっこりとうちを訪ねてきた高齢の男性がありました。

津軽弁の訛りがないところから、青森の人ではない様子です。ここは誰々の家ですか、と聞くこともなく、「ごめんください」と玄関を開けて入ってきました。たまたまわたしが出たのですが、お互いに一言も口にすることなく、無言のときが流れました。

その人はわたしの顔をじっとみると、「二三回生まれ変わっていますね」とつぶやきました。

記憶が確かではないのですが、二三回生まれ変われば、死んだ後に自分がやらなくてはならないことをたくさん背負っていると、そんなことを言われた気がします。

その人は、「ありがとうございました」とそのまま帰ってしまいました。

不思議な体験が、こうも重なり過ぎてしまい、「現在」も、「過去」も、「未来」も、わたしたちが、時間を区切って範囲を決めてしまっているだけで、本当は同時に存在していて、自由に行き来ができるのではないかと思うようになりました。

第7章 「常識」を疑うことから始める

「常識を破れ！」で、意識改革を

わたしは、ひとつ失敗するたびに、ひとつの常識を捨てました。
一〇〇も一〇〇〇も失敗を重ねて、ようやく自分の経験や知識など何の役にも立たないことがわかりました。

わたしはよく、奇想天外な男だと言われています。
でも、わたし自身は、当たり前の男だと思っているのです。
モナリザや最後の晩餐を描いた、レオナルド・ダ・ビンチの言葉があります。

「一八歳までに得た知識を常識という。
常識を守る者には、進歩発展がない」

常識に縛られているだけでは、新たな発見はありません。進歩もありません。

どうしたらその常識を打破して、自ら信じることをつづけていくか。

わたしも自分を信じ切れなくなって、挫折しそうになったことが何度かあります。

心身共に疲労の限界のなかで、おろおろしながら生きていた時期もあります。

「一歩、前に出る！」とは、「常識を破れ！」ということ

これからは、現代農業を推進してきた農薬・肥料・除草剤をできる限り使用しないという、まったく正反対のことをしてみませんか。

そうすれば、地球温暖化もだんだんおさまってきます。

これは不可能ではありません。可能なのです。人間が努力すればできることなのです。まだ見ぬ世代の人たちのためにも、今、努力することが必要です。

その努力を怠っていたら、地球の生態系はますます悪化します。

わたしは「他人のために生きる」という気持ちは、すごく大事だと思っています。

そのためにも、「一歩、前に出る！」という言葉をずっと使ってきました。

たとえば、農薬や肥料を使わない農業を、自ら実行に移してみることがそうでした。

だれもやらないことを、「一歩、前に出て」やってみるということです。

「一歩、前に出る！」というのは「常識を破れ！」ということです。

過去の常識にも間違いがあるのではないのかと、疑ってみることです。

疑ってみれば、必ず答えは出てきます。

ドイツでの指導でジャガイモ栽培のルネサンス指導

二〇一三年一〇月にドイツに行ったとき、わたしはジャガイモのオーガニック栽培を教えてきました。

イタリアのレオナルド・ダ・ビンチを直訳すると、「常に研究する者」という意味になるそうです。

レオナルド・ダ・ビンチからルネサンスが始まったわけですね。

人間は常に、研究する意欲をもって生きることが必要だということでしょう。


そのドイツで、わたしはジャガイモ栽培のルネサンスをやったのです。

ジャガイモを土に植えるときは、発芽する芽をチェックしながら切って植えます。

これまで切ったジャガイモは、切断面を下方に向けて植えるのが常識でした。

日本では鎌倉時代からジャガイモを植えていましたが、当時からずっと切り口を下にして土に置き、そのタネイモの上に土をかけるという栽培法が行われてきました。

それがなんの疑問もなく、継続されて今日に至っているわけです。

そのタネイモの上に、ジャガイモが育ちます。

ところが、タネイモには土をかけないと、緑ジャガになる怖れがあるのです。だから、すべてのタネイモに、土をかけなければなりません。

緑ジャガは太陽が当たって、緑色に変色するジャガイモのことを言います。この緑ジャガがまた、すごい毒なんです。

たくさん食べると下痢します。なにしろ、おいしくありません。

この切り口を下にする栽培法は、母から子へ、そしてまたその子へと、日本では六〇〇年間、ヨーロッパでは八〇〇年間、受け継がれてきました。

それがジャガイモの正当な栽培法であると疑わず、みんな黙々とやってきたのです。

毒ジャガを作らないためには、土寄せが必要になります。欧米はもちろんのこと、日本でも世界中のジャガイモ生産者はこの栽培法を、つまり、土寄せをやってきたのです。

わたしはそれまでとは反対に、切り口を上にしたらどうかとやってみました。

自然を一〇〇%活かしながら、新たなアイデアに挑戦する

すると、その年の収穫時には、びっくりすることが起きました。

というのは、タネイモの下にたくさんのイモが生育していたのを発見したのです。

「あれっ？　タネイモの下にジャガイモがついている」

ジャガイモの生産は年一回ですから、このような実験は一年に一回しかできません。

だから、翌年には今度、切り口を上にして植え付けるというアイデアを本格的に実験してみました。ひと畝は今までどおり切り口を下に、ひと畝は逆に切り口を上に。

その結果、切り口を上にしても、切り口を下にしても、収穫量にはほとんど変化

がないということを発見したのです。

ということは、鎌倉時代から続いてきた技術である切り口を下にして植える栽培法が、必ずしも正しい栽培ではなかったことを意味します。

それで今、全国の生産者にこの栽培法を教えているのです。

最近では、切り口を上にすれば収穫量が上がるという報告があります。また、イモの形が揃うという新たな発見もありました。

それよりも、この栽培法の重要ポイントは、土寄せする時間が不要なことです。

ドイツでは、比較的小規模のジャガイモ農地でも一〇〇町歩くらい。そのようなところでは、土寄せするだけで一週間はかかります。

もちろんすべて機械で行うのですが、切り口を上に植えるという作業ひとつで、最低一週間の時間的節約は大きいものです。

それが生産コストにも、直接関わってくるのは当然のことでしょう。

一〇〇〇町歩ものジャガイモ畑では、土寄せだけで二カ月以上かかるわけです。

どうしたら石化エネルギーを抑えながら農業ができるかと問われている現状で、この土寄せ二カ月の削減は、省エネにとっても、はかり知れないほど多大な削減になります。

石化エネルギーを使わないような生産技術が切に求められているこの時代に、わたしが行ったドイツでは土寄せするだけで、二カ月もトラクターを走らせている。それがドイツでは普通なのです。この土寄せをしないだけで、はんぱじゃない省エネになるわけです。それだけのエネルギーがあったら、別の作業に使えるでしょう。

たかが土寄せですが、されど土寄せです。

ドイツのジャガイモ生産地といったら、想像以上に広大です。ジャガイモが主食の国ですから、土寄せなしの省エネは膨大なものになります。

このときも、「この畑どこまで続いているのですか」と聞いたら、「ウクライナまで」という返事が返ってきたほど。日本では考えられないほど、巨大なジャガイモ畑でした。

ちょっとした発想の転換、ちょっと考えてみることによって、このような大きな変化が起こるということを、わたしたちは知るべきではないでしょうか。

当然ながら、これまでたどってきた歴史の経験の重要性は、認めなければなりません。

と同時に、どうしたら時代に適応した方法を生み出せるか考えてみる。

わたしはいつも、このような逆転の発想を大事にしています。

自然のシステムを一〇〇％活かしながら、新たなアイデアに挑戦してみることを、若い人たちにはとくに、心してほしいと思うのです。

目に見えるところより、目に見えないところが大切

リンゴの無農薬・無肥料栽培で悪戦苦闘していたころ、わたしはリンゴの木のこと、目に見える地上のことばかり考えていました。地下のことを考えていなかった

のです。
日夜、葉っぱのことばかり考えて、ムシを一生懸命取ったりしていました。
リンゴの根っこのことを考えていなかったのです。
人間は目に見えるところばかりを大切にします。
ところが、目に見えないところにこそ、本当に大切なものがあるのです。
わたしが提唱しているのは、リンゴだけの農業ルネサンスだけではありません。
リンゴだけでなく、コメやいろんな野菜を自然栽培で作っています。
でも、自然栽培もひとりでやるには、あまりに大きすぎてできないのです。
みんなで簡単なできるところから始めれば、簡単にできるのです。
よく、わたしは言われます。
「木村、あんたのやっていることは夢物語だよ。
肥料やらないで、農薬まかないで、どうしてできるんだ」と。
わたしは答えます。

「じゃあ、あなたはやってみましたか。
やらないで、できないということは言えないでしょう。
わたしは、やってみてできなかったら、なぜできなかったか、その理由を考えます。
どうしたらできるかを、みんないっしょになって考えていくべきだと思うんです」と。

有機栽培だからといって安心ではない

「有機野菜だから安心だ！」と、テレビのコマーシャルで流れています。
それはおかしいと思います。有機野菜は怖いのです。
「自然栽培」は、「有機栽培」とよく間違われています。
ここでわたしは、自然栽培と有機栽培とは、まったく異なるものであることを明確にしておかなければなりません。

これらはまったく違う栽培法です。そのところをご理解いただきたいのです。

では、これらふたつの栽培法はどこが違うのでしょうか。

ＪＡＳ法による有機栽培が安全だ、と思っておられる方も多いのではないでしょうか。

ＪＡＳ規格制度というのは、ＪＡＳ規格を満たしている格付けです。

ＪＡＳ規格を確認された製品には、ＪＡＳマークがついています。消費者が商品を購入するとき、ある一定の品質が保証されているということです。

ＪＡＳマークは、品質や性能などがＪＡＳ規格にのっとっている食品などにつけられます。

また、有機ＪＡＳマークは、有機ＪＡＳ規格を満たしている農産物などにつけられています。

簡単に言うと、ＪＡＳ法は認可された肥料・農薬・堆肥などの資材を使って行う栽培です。つまり、有機栽培は認可されている肥料・農薬・堆肥などを使って栽培する方法です。

わたしの「自然栽培」は、肥料・農薬・除草剤・堆肥などの資材を使わない農法です。

その点がまったく違うわけです。

たとえば堆肥を使って有機栽培をするといっても、ピンからキリまであるのです。

未熟堆肥を使って栽培しても、有機栽培と表示されるわけです。

未熟堆肥を使用するのは、大変危険なのです。

では、なぜ危険なのでしょうか。

硝酸態窒素という劇薬が日本では放置状態

現在、ウシの飼育は耳にタグをつけてコンピュータで制御しています。

いわゆる、トレーサビリティーです。何番のウシの様子がおかしいとか、走り回って牛舎に帰って来ないとか、異常はいつでもわかるようにしています。

ウシの飼育について、驚くべきことがあるのです。

ウシは放たれた草地で自分が排泄したフンの場所の草を、五年間は食べないと言われています。

その理由は、ウシは本能によってそれが毒であることを知っているからです。

すごいことでしょう？　五年間、自分が排泄した場所の草を食べない。

五年という期間のなかで排泄物が風化され、土に戻って無毒になる。

ウシはそこに生えた草を食べているのです。

五年という長い時間を経た草を、ウシは本能的に判別している。

なぜなら、硝酸態窒素の怖さをウシは知っているからなのです。

硝酸態窒素は劇毒です。

この硝酸態窒素は、堆肥を使って行う有機栽培から出てきます。有機栽培によって作られる野菜に残っているわけです。その残留濃度について、ＥＵでは厳しく規制され、農産物の出荷が制限されていますが、日本では野放し状態なのです。

発がん性物質を無視できない

硝酸態窒素について、日本ではほとんどなじみがないのですが、日本以外の先進国では、知らない人がいないほど有名な言葉なのです。

これはまた、発がん性物質であるということも実証されています。

硝酸態窒素の毒性について、日本で初めて騒いだのがわたしです。

何十年も前からわたしは、警告を発してきました。

「硝酸態窒素について、検査してから出荷すべきである」と。

残念ながら、いまだにそれは無視されています。次世代の人たちのことを考えるとき、わたしはこれを無視することができないのです。

海外では、日本食材の放射能汚染が危惧されて、売れづらい状態にあります。さらに加えて、日本の農産物の残留毒である硝酸態窒素の含有が問題視されているのです。

今から三〇～四〇年ほど前に、アメリカやヨーロッパでは化学肥料を使った農産物よりも、堆肥を使った農業栽培がすばらしいということで推進されていました。ヨーロッパはとくに畜産農業だから、家畜の糞を使っての農業栽培法が採られていたのです。これこそ還元型農業であると言われて浸透していきました。

離乳食も有機堆肥を使った栽培で採られた農産物が飛ぶように売れました。

それで離乳食の缶詰の原料にも有機野菜が使われるようになっていった。

その結果、有機野菜の缶詰を食べた赤ちゃんだけに、ある症状が現れたのです。

有機栽培の缶詰離乳食で赤ちゃんが死んだ理由

『沈黙の春』（レイチェル・カーソン著）という著書をご存じの方も多いでしょう。この本は化学物質による環境汚染の重大性について、最初に警告をした本です。

一九六〇年代当時には、世界的ベストセラーになりました。

アメリカのある田舎で、それまで元気だった子どもが突然亡くなるという、病める世界の到来を告発した本なのです。

有機栽培の缶詰離乳食を食べた赤ちゃんが亡くなった。

母親が赤ちゃんに缶詰を食べさせてから、わずか五～六分間くらい目を放して戻って来てみると、口から泡をふいて亡くなっていた。

亡くなったときの赤ちゃんの顔は、紫色になっていたそうです。

その原因については、しばらくの間、だれにもわかりませんでした。

ようやく判明した原因が、硝酸態窒素だったのです。

赤ちゃんたちが口から泡を吹いたのは、長い腸を通ってくる間に、腸内菌が酸欠を起こし、泡となって出たということが実証されています。

赤ちゃんには抵抗力がないからモロに反応するわけです。

わたしは、この成分である硝酸態窒素の危険性を提唱しましたが、ぜんぜん注目されませんでした。

この硝酸態窒素という化学物質は植物にとっては、どんどん生長を促してくれるので有効なのですが、人体には有害であるということが実証されています。

人体に取り入れられた硝酸態窒素は鉄分といっしょになります。

鉄分が体中に酸素を運搬しています。

ところが、硝酸態窒素は鉄分と酸素を分離させないのです。

すると、人体の毛細血管まで酸素を行き渡らすことができません。

その結果、人体は酸欠状態になります。

この有害な硝酸態窒素について、わたしたちはもっと注目すべきです。


つまり、堆肥を使う農業に関わる問題をもっと考えましょう。

それがわたしの提案です。

有機野菜なら安全という解釈はやはり間違っています。

たとえば、小さい子どもがチンゲンサイの葉を二枚食べると、硝酸態窒素によって死にいたるケースもあるからなのです。

今こそ、真剣に考えてほしいのです。

宇宙人は「酸素は毒だから」と言った

宇宙人の目は、なぜ大きいのか。

わたしが出会った宇宙人の目は、仮面ライダーのようにふたつとも大きかった。

石川県羽咋《はくい》市に、コスモアイル羽咋というＵＦＯ記念館があります。

そこの玄関には、ＮＡＳＡのマーキュリー有人宇宙船が飾られており、玄関から矢印にそって進んでいくと、前方一メートル五〇センチ上辺りに、ソ連の月面着陸のときのボストーク宇宙船の実物が展示されています。

アメリカの月面着陸は大きなニュースになったので、だれでも知っていますが、ソ連のそれはまったくニュースとして公表されないままです。

ＮＡＳＡもソ連も、なにかトラブルが起きて発射不能になるのを防ぐために、同じ宇宙船のスペアを五台造っておくのだそうです。もちろん、なにもトラブルがなければ一台でいいわけです。

五台造られた仲間の一台が羽咋市に展示されているのです。

そこに展示されていたなかに、以前、わたしが出会ったことのある宇宙人と同じ姿がありました。

そのとき、わたしは思い出したのです。

その宇宙人が言った言葉を。

「酸素が毒だから」と言ったのです。

酸素が毒だと言うのは、硝酸態窒素のことを暗示しているのではないでしょうか。

硝酸態窒素は活性酸素と深い関係があると聞きます。

活性酸素が活性でなくなったとき、水と酸素に分離して酸素は大気中に放出され、水はおしっことして出ます。

それを分解させないようにするのが、硝酸態窒素なのです。

この水と酸素に分解させない硝酸態窒素が悪者であるという事実は、今の農業のマニュアルにも載っていません。

だからこそ、わたしは声を大にして言っているのです。

どうか、硝酸態窒素にもっと目を向けてほしいのです。

堆肥を利用する際には未熟堆肥でなく、三～五年の時間をかけて完熟にしてから利用してください。

肥料のガス化がオゾン層を攻撃し生態系を破壊

地球環境破壊については、地球を取り巻いているオゾン層の問題があります。

一時、フロンガスが原因だとして、車のエアコンガスや冷蔵庫などから取り除くという対策がとられたことがあります。では、フロンガスを取り除いたことで、大気がきれいになったのでしょうか。現段階では、ぜんぜんそうなっていません。

このようなフロンガスへの取り組みは、期待したほどの効果はなかったのです。
さまざまやってみても、まったく大気汚染が修復されていないのです。
米国大気圏局の研究者は、それについて本格的な研究調査をしました。
その結果、世界中の農家が使用している肥料、とくに亜酸化窒素が原因だという
ことが判明したのです。

肥料を一〇〇施したら、作物は何キロできるでしょうか。
作物は一〇〇ほどこした肥料から、一〇～一五％使います。
土は二〇～二五％使い、雑草は一〇～一五％使います。
使われた肥料の残りは、ガス化してしまうのです。
ガス化するときできる物質が、亜酸化窒素です。
この亜酸化窒素が、オゾン層を攻撃し、破壊している。
この事実は、すでに証明されています。

肥料そのものが、この地球の生態系に重大な影響を与えているのです。

さらに、現代人は肉を多く食べます。肉食がどんどん増えています。

ウシやブタなどが排泄した糞は堆肥化されればいいのですが、それでは手間ひまや費用がかかってどうにもなりません。

だから、山積みにするか、あるいは自分の山に穴を掘って土をかけています。

そこからも亜酸化窒素が排出されているのです。

その亜酸化窒素が怖いのです。

もしかしたら、オゾンホールも地球の大気の汚れを浄化する巨大な排気口かもしれません。

地球を汚したのは人間です。地球上で一番頭数が多いのは人間です。人間によって汚された地球は大荒れに荒れています。

もしも、神さまというものが存在したならば……。そして神さまが地球上のものにたったひとつだけ願いごとをかなえてくれると言ったならば……。

神さまが願いごとをかなえてくれると知った、ある国の王さまがいました。

国王は、願いごとをひとつ言いました。

「自分の配下にある民のすべてが、病気ひとつなく幸せに暮らせますように。もちろん、草や木、トリやサカナ、石も土もすべてが幸せになりますように」

木やトリやサカナや石や土は何てお願いしたでしょうか。

この地球から人間がいなくなって欲しいとお願いしました。

翌日、神様はトリたちの願いを聞き入れました。

結果、それは人間のいない地球になったのです。

人間が地球を汚しまくっているということへの警鐘です。

この物語はマンガで読みました。

今という瞬間を感謝し、自然のままに生きる

わたしは、無農薬はすばらしい、無肥料はすばらしいということを言っているのではありません。

無農薬でも無肥料でもできるのだから、今使っている農薬や肥料をせめて半分にしても、農業はできるだろうと提言しているだけなのです。

そして、やってみてよければ、あとは無農薬・無肥料に移行していけばいいのです。

わたしは急激な変化・改革は求めていません。

自然のサイクルというのは長いし、ゆっくりしているものだからです。

人間はせっかちな生きものですから、一日でもはやく結果を出したがります。

でも、自然はたったひとつのちょっとした変化であっても、一年以上かかる場合

もあります。わたしは自然栽培的な生き方をしようと思っているのです。

「今、何ができるか」それが大切です。

できるだけ、ありのままに、自然のままに生きることです。

近年は農家の人々に呼ばれてスピーチするより、企業に呼ばれてスピーチすることが多くなりました。企業も少しずつ自然栽培に興味を持ち始めているようです。


二〇世紀の生活は便利になりましたが、自然環境の破壊を繰り返してきたと思っています。

さらに、物質的な豊かさが心も体も壊しているとしたら、このような社会はよくないと思います。

わたしたちは、自然のなかの地球の、生き物のひとつにすぎません。

アリやムシたちはじゃまものだと言う人がいますが、アリやムシたちがいなければ、人間は生きていけません。

繰り返しますが、肥料・農薬・除草剤は悪いと言っているのではありません。農家の人たちはそれらによって重労働から解放されたわけですから。

それでもなお、もうちょっと減らす方向へと考えてみてほしいのです。

第8章　自然大災害は地球の浄化作用

「土」の浄化なくして、自然環境の再生はありえない

オゾンホール、巨大ハリケーン、大風……これらの「原因」は何か?

地球の見えない水脈の汚れです。

この汚れが河川を汚し、海を汚し、富養化した海水に、バクテリアが異常発生し、その発酵熱が海水の温度を上げ、巨大低気圧を起こしています。

では、水脈の汚れの「原因」とは?

「土」の汚れなのです。

「土」の浄化なくして、自然環境の再生はありえません。

地球は「土」の「球」と書くでしょう。

土の球なんだからさ。

一〇〇年かかったっていい、二〇〇年かかったっていいじゃありませんか?　わた

したちの手で壊した地球の自然は、わたしたちの手でしか再生できないのですから。

でも、始めるのは今です。

地下水の対策が急がれる

人間が巨大化してしまい、あまりにも環境破壊が顕著になってきています。

日本中を訪問していると、あらためて環境破壊の恐ろしさに直面させられます。

二〇一三年の一〇月に屋久島に行って来ました。

そのとき、川の水がぬるま湯だったのには驚きました。これはなぜなのでしょう。

原因は、地下水の生態が変わったからです。地下水という目に見えない川が変わったからです。よく、わたしは「大事なものは目に見えない」と言います。

目に見えないから、だれも気をつけない。気がつかないのです。

ある農家は「同じ肥料をやっても、何でここは作柄が悪いのか」と問います。そこには大きな原因があります。畑でも田んぼでもいいのです。生育の善し悪しが棚田のようになっているのです。日本全国がそうです。作柄が悪いところの地下水は冷たいのです。

加えて、現在、飲めない地下水がたくさんあります。農家が使用した肥料、農薬、除草剤などが、地下水にとけ込んで飲料水として使えなくなっているケースがあります。

地下水は高いところから低いところへと流れていきます。地下水についての対策が急がれます。

土だって冷え性になれば、作物は育たない

わたしは、「活かされながら、活かして生きる」という言葉をいつも自分に問い

かけながら、山の土の匂い、畑の匂い、田んぼの匂いを嗅ぎ、自然と対話しながらやっています。

土の匂いを嗅いで歩き回っただけではありません。土の温度にも注意してきました。地下水にも注意してきました。

山の土の場合、五〇センチ程度掘って温度を測ってみます。すると、地表との温度差はおよそ一度あるかないかです。

ところが一般的な農家の畑を測ってみると、五〇センチで一〇度も違います。肥料・農薬や除草剤を使うから、土の中の微生物が死滅してしまって、土が活きていない。土が死んで、土が冷えてしまっています。

現在のわたしの畑の土は、五〇センチ掘っても温度変化はほとんどありません。肥料や農薬をまったく使っていないからです。

また、重機も使っていないからです。

結果、山の土と同じ状態になっているのだと考えています。

人間も土も同じく、温度が低ければ動きが鈍くなってしまいます。

土の温度は、温かい方が作物も活動しやすいのです。


水は当然、低い方へと流れます。水が流れている土地はいつも冷たいから、作物はなかなか育つことができません。人間も冷えると病気になります。

土地だって同じなのです。土地が冷え性になって作物が育たなくなるのです。


昔は、川で子どもたちが水浴びをしていました。

現在の川では、子どもたちは水浴びができません。

川には農薬も、生活排水も流れてくるからです。

また、川が汚れるということは、川の水にバクテリアが足りなくなるということです。かつては、たくさん住んでいたバクテリアたちが足りなくなっています。

さらに汚れは進んでいきます。川はやがて海へと流れます。すると海の汚染も進むのです。海水汚染は、産業廃棄物、船の事故によるオイルの流出、工場・家庭からの排水、農薬などの化学物質などが原因です。たとえば、水洗トイレひとつをとっても、川や海の汚染源になっています。

汲取りトイレは昔、臭かった。現在では水洗トイレだから臭くなくなりました。でも、汲取りトイレだからこそ、もっときれいに掃除しようという気持ちが湧きました。水洗トイレで汚物が流れてしまうと、汚いものは人間の目からは見えないところへと、一瞬で去って行ってしまいます。

それこそが、川や海の汚染を招く大きな問題となっているのです。海水汚染がひどくなれば、植物プランクトンの大発生や赤潮などが起こり、海水中の酸素が減ってしまいます。サカナをはじめとする生き物にダメージを与えることになります。

だから、川を汚さない、海を汚さないためにはどうするかを考えなければなりません。

海の汚染による高温化が進む

海が汚染されると、バクテリアたちは、どんどんきれいにしようとがんばります。

そうなるとバクテリアたちは、いくらでも呼吸熱を出します。

呼吸熱が大量に出るから、海水温度が上がってしまうのです。

年々上昇を続けている海水温度については、このバクテリアの呼吸熱もまた原因の一つであることにもっと注目しなければと思います。

この状況については、たとえば、一〇人乗りと決められているエレベーターに、二〇人乗っているようなものです。定員オーバーしたらどうなるでしょう。エレベーターは動くことができません。また、内部は息苦しいほどの暑さになるはずです。

それが現在の海の状況なのです。

土地が冷え性になってしまい、海は高温化しています。

猛暑・洪水・水不足・干ばつ・食料不足・山火事・生物絶滅が発生

最近のニュースでも、しばしば報告されています。

国連の気候変動に関する報告書によると、気候変動によって、今世紀末までには食料問題が深刻化するそうです。温暖化で数億人の移住が必要になるとか。

世界の気候は一八世紀半ば、産業革命のときと比べて一度ぐらい上昇しているという報告もあります。今世紀末には最大四・八度上昇すると言われています。

過去一〇年だけを見ても、世界の農産物の生産量は、最大二％減産しているのです。

ヨーロッパでは、猛暑・洪水・水不足、アジアでは、洪水・猛暑・干ばつ・食料不足。

北米では、山火事・猛暑・水質変化。アフリカでは、水不足・農業減産・感染症。

豪州では、生物絶滅・海岸浸食・洪水。

中南米では、水不足・洪水・食料減産。

以上のようなことは、今世紀末を待たなくても、すでに世界中で起きています。

また、水産物については、海の温度の変化でサカナの生息域がすでに変化しています。

日本の周辺でも、日本海沿岸では漁獲量が減少。太平洋側では、漁獲量が増えています。

このような気候の極端な変動により、わたしたちは多くの課題をすでに抱え込んでいるのです。ところが、あまりに注意を払わない人が多すぎるような気がします。

実際、それを知っていながらも、あまり積極的に対策に取り組もうとしていない。

すでに、足下に火は飛んできているのです。

農業では、高温でも収穫量が減らない品種の開発に取り組まなければならない。

気候の急激な変動に対して、手をこまねいているわけにいきません。

なにか対策を、今すぐにでも、講じなければならないと思います。

たとえ少しずつであっても、わたしたちには、今すぐにできることがあるのです。

米国や豪州は水資源枯渇で農業は壊滅寸前

温暖化にはいろいろな原因があります。これまで温暖化防止問題については、学識者たちがさまざまに考えて対策を講じてきたわけです。

温暖化問題について、アメリカでは真犯人隠しに躍起になっています。

なぜなら、アメリカの農業は、水の問題ですでに壊滅寸前状態だからです。

これまでアメリカは、地下水を利用して農業をやってきています。

たとえば、アメリカ西部にコロラド川があります。この川はアメリカの西部の水資源ですが、これが中長期的にわたって危機状態に陥っていると言われているのです。

温暖化、乾燥、降雪量の減少など、さまざまな理由が挙げられていますが、とにかく水量が低下してしまい、約半世紀前の五〇%程度しかなくなってしまっているそうです。

古い時代のアメリカ西部は、砂漠状態だったところです。それを灌漑で人間が住めるようにしてきたのですが、水資源が枯渇すれば大問題になるのは当然でしょう。中部のテキサスなども同じです。地下水からの灌漑で農業栽培が行われてきましたが、地下水量が減って、灌漑自体ができなくなっている地域も出てきています。

近年、大豆などをはじめとして、アメリカからの輸入農産物が高騰していますが、水資源の枯渇による農産物収穫量の減少も、大きな原因のひとつとされています。アメリカは世界で農産物の最大輸出国ですから、この問題は日本にとっても、日本の農業にとっても、今、考えなければならない重要課題だと思います。

もう川を汚さない、海を汚さない

肥料・農薬・除草剤をまくと、まず、地下水が汚れます。

地下水が汚れると、川が汚れます。

そんなところにも異常気象の重大な原因があるということを、もっと研究者が声をあげて発信してほしいと思います。

海のバクテリアの呼吸熱が高いために、低気圧が巨大化します。

この状況は、ますます悪化するでしょう。

風速一〇〇メートル級の巨大台風が、次々と押し寄せることになるかもしれません。

わたしはこのような強力な暴風雨が続出しているのを見て、目には見えないなにかが地球を、陸地を掃除しているのではないかとさえ考えたりします。

支流から本流へ

一本の木は、一番太い幹によって支えられているように見えますが、その幹には葉がつくことがありません。葉がつくのは、枝分かれした先の小枝の、さらに先の細枝なのです。

その葉の澱粉作用で蓄えた養分が根に届き、根から行きわたる養分でようやく幹が太るのです。太い幹は、小さな枝葉によって支えられているのです。

どんな大河でも小川でも、元となるのは湧水です。ナイル川もインダス川も、黄河も揚子江も、ちょろちょろと湧き出る水が集まって大きな流れを作るのです。どんなに海のように広い川でも、湧水が枯れてしまったらやがて干上がってしまいます。

いくら下流を浄化しようとしても、上流から流れて来るものが汚染されていたらきりがありません。人間が学ばなくてはならないのは川の流れであり、小さな湧水が集まって海に流れこむ過程を参考にすることで、何をしなければいけないかが見えてくると思います。

破壊する人間から、保護する人間へ

アラブの大使館の代表と会ったときに、中東の砂漠は人によって作られたという話をしました。放牧酪農が盛んだったために、現在の草の生えない土地ができてしまったのです。

牛は土の上の草を食べますが、山羊や羊は根を食べ尽くします。山羊のそういう性質を知っていたら、消費のみの放牧ではなく、雑草を育てる工夫もしなければならなかったはずです。

その破壊者である山羊を、利用価値が高いからという理由から数を増やし、草を食べ尽くさせたせいで、不毛の土地がどんどん広がって行きました。

砂漠が再生するには最低でも一三〇年かかると言います。草が生えないところには雨が降りません。まずは苔でもよいから生やし、草が雨を呼ぶ環境を作らなければ、今後も砂漠は広がってしまうのです。

このかけがえのない地球を、その頂点に立つ人間が守って行かなくてはなりません。

わたしたちの持つ脳みそは、破壊するためにではなく、進化させて世界を保護するために使っていかなくてはならないと思います。

第9章　一人では、生きていけません

ヤマさん（山﨑隆さん）
「レストラン山﨑」の経営者・シェフ

すべての命が支え合って生きている

自然の中に、孤立して生きている命は、ひとつもありません。
すべての命が他の命と関わり合い、支え合って生きています。
大自然の中で生かされている生き物です。
リンゴの木も人間も、自然の一部ですから。
リンゴの実を生らせたのは、リンゴの木で、それを支えているのは自然であった
けれども、わたしを支えていてくれるのは、やっぱり人でありました。
でも、リンゴの実らない辛いときに、一番傷つけられたのも人であったな。
家族とも口をきかなくなったときがありました。
口をきかなくなって一年も過ぎ、うちには正月とか何もなかった。
やれる状況でもなかったし、子供たちにお年玉もあげられない。

おかずが買えないの。

ですから、岩木町で一番貧乏な家って言われた。

それほどだったもんな。

電気は基本料金だけですませた。

でもわたしは、友達が去っていったのが一番寂しかったんだ。

話す相手が誰もいない。

うちには家族がいるからそれが話す相手かもしれないけれど、自分がこの思いを誰に伝えたらよいか、それすらなかったわけよ。

それで、結局セメントの上にあぐらをかいてすわるようになったんでしょう。

この頃は「自分が死んでしまった方がいいじゃないか」とばかり考えていました。

リンゴの木が教えてくれた心

その中で、リンゴの木にすがる思いで答えを求めました。

「今は農薬も肥料も、買うお金が一円もない。

どうかわたしの言葉がわかるようだったら、何をしたらいいのか教えてくれ」

けれどもそこにはただリンゴの木が立っているだけで、何の答えも得られませんでした。


考えてみれば答えを木に求めたこと自体がおかしかったのです。

わたしは動物の言葉すらわかりません。そんな人間に、木の言葉が聞こえるはずがなかったのです。

けれども言葉を持たないリンゴの木が、姿で現してくれた答えがありました。

肥料もやらず農薬も撒かず、朽ちかけて花もつけないリンゴの木の一本一本に、謝りながら、労わりながら語りかけました。

「こんなにしてしまってごめんなさい」

「花をつけなくてもよいから、実をつけなくてもよいから、どうか枯れないでください」

八〇〇本あまりのリンゴの木すべてに、声をかけて回るつもりでした。けれども誰もいない畑でわたしが木に語りかけているのを、近隣の畑の人に聞かれてしまうのが恥ずかしく、畑の端の八二本の木には「以下同文」として声をかけるのをやめてしまったのです。

見栄も虚栄心も捨てたはずが、まだ残っていたのです。

言葉の力は驚くべき結果を生みました。声をかけたリンゴの木たちがやがて元気になった一方で、「以下同文」とした八二本はことごとく枯れてしまったのです。言葉をかけなかった木で、かろうじて生き延びた木が一本だけありましたが、他の木とは太さもまったく違い、花も実もつけることはありませんでした。

その木が、雑誌の取材でわたしの畑を訪れた内館牧子さんに

「あんた、つっぱりはもうやめなさいよ。なにつっぱってるの」

と枝を揺すぶられて叱られたら、その翌年に花が咲き、現在はちゃんと実をつけるようになったのです。

わたしの言葉をリンゴの木はちゃんと聞いていて、声をかけなかったから、つっぱっていたのです。

枯れてしまった木について、科学者たちは長い間肥料を与えていなかったから枯れたんだという表現をしましたが、わたしは違うと思っています。

リンゴの木は言葉を発する代わりに、その姿でわたしに答えを授けてくれたのだ

と感じました。

心って字画が五つ（はねも含めて）。それは五体よな。五感。それらを代表してよ、心と言っているんじゃないかな。わたしそう思うのな。わからないけどな。

ここにちっちゃいリンゴを一つ持って来ました。これだって、一年かけて一所懸命がんばった結果なんですよ。来年大きくなるよって、そう考えて頑張ったと思う。

家族の力は不可能を可能にする

今、わたしが全国を歩き回れるのは、留守の間、家族が家をしっかりと守っていてくれるからです。この自然栽培の全国指導を始めようとしたときも、家族が一丸となってスタートできたのです。だからこそ、今もなおつづけることができます。家族のだれかが「そんなことできやしない。やめなさい」と徹底的に反対したら、つづけるのはおそらく不可能であったと思います。家族の力は不可能を可能にするものです。

妻はこう言っていました。

「あなたがどれほどみんなに奉仕しても、そのために倒れてしまっても、だれも有難うとは言わないよ」と。

それを聞いて、わたしは反論しました。

「おまえ、そんなこと言ったらバチ当たるよ。せっかく実ってくれたこのリンゴを、買ってくれる人がいるだろう？わたしには、その人たちに対して、有難いという気持ちがあるんだ。だから、わたしの『自然栽培』をやりたいという人がひとりでもいたら、行って教えてあげるのは当たり前じゃないか」

もちろん、全国を駆け回って指導して歩くより、家にいて自分の農業をじっくりやっているほうが、ほんとはわたしも好きです。

それを知っているから、妻は当初、反対していました。

近年、自然栽培の指導や講演会、海外視察などがものすごく多くなりました。たとえば、これを書いている時点から振り返ってみても、弘前の自宅に戻った日数はほとんどないと言っていいほどです。自宅に戻っても、マスコミ取材などが目白押しになっていますから、家にいることはあまりありません。

それでも頼まれると、「自然栽培」を普及したいから、二つ返事で出かけていきます。

なぜならば、現代農業を少しでも変えたいからです。

わたしには魂を通わせる友がいる

わたしの大切な友人のひとりに山崎隆さん（「レストラン山崎」経営・シェフ）がいます。これまで利害打算なく無償でわたしを助けてくれた人です。リンゴ栽培に失敗して苦痛にうめいていたころから、ずっと変わらない友人です。わたしは彼を「ヤマさん」と呼んでいます。今から三〇年以上前、わたしのリンゴ栽培のことが地方紙に出ていたのを読んで電話をくれたのが、彼を知ったきっかけです。

当時彼は、フランスでの修業から帰国したばかりで、弘前市にあるホテルの料理長として働いていました。ちょうど、地場食材を使ったシェフ創作料理の開発中でした。それでわたしの農薬・肥料をまったく使わないリンゴや野菜に注目したのでしょう。

畑には大豆、トウモロコシ、キュウリ、トマト、サヤエンドウ、ダイコンなど、厨房で使える野菜がたくさんありましたから、なんでも採っていって料理に使ってみればいいと言いました。当時のわたしは作物もあまり売れず、ひとりでも無農薬や無肥料に興味をもってくれる人がいてくれるのがうれしかったのです。

いつしか自分のほうからも、ヤマさんのレストランで使ってほしいと、リンゴや野菜を継続的に提供するようになっていました。

農薬も肥料も使わないリンゴや野菜を見て、ヤマさんはきっと、「これはなんか仕掛けなきゃ。なんとかしよう」と思ってくれたのでしょう。

ヤマさんは、自分が働いているホテルの支配人やスタッフ十数人をマイクロバスに乗せてわたしの畑にやって来て現場を見せるだけでなく、わたしがやっている農業についての話をする場もつくってくれるなど、宣伝マンとしてわたしを助けてくれました。

ヤマさんはものすごく顔が広い人なのです。彼のもつ、ありとあらゆるネットワークを使って、わたしのリンゴや野菜などの宣伝・広告に努めてくれたのです。彼の友人たちのつながりのお陰で、テレビなどにも出演できるようになり、日本中にわたしの栽培法が知られるようになりました。ヤマさんの行動力はものすごいのです。

生産者と料理人たちが協力して津軽の、弘前の文化発信にさまざまなイベントを次々と計画しては、わたしを広い未知の社会へと引っ張り出してくれました。

ヤマさんのお陰で、今のわたしがあります。

ヤマさんたちと「ソウルメイト会」を発足

二〇一二年には、弘前市でヤマさんたちと「ソウルメイト会」を発足させました。わたしは最高名誉顧問という肩書きを与えられて、ミニ講義をしています。

その会では飲んだり食べたりしながら、会員同士、人生体験について語り合っています。わたしだけでなく、ヤマさんもまた、たくさんの不思議な体験をしています。

わたしはヤマさんとときどき酒を飲むのが大好きです。

最後はリンゴの蒸留酒カルバドスでしめます。


ある霊能者は、ヤマさんとわたしは、輪廻転生でいつも同じ時代に生まれて来ると言っていました。たがいに深い因縁があるのだとか。どこかで巡り会っては必ず助け合う、切っても切れない運命にあるのだそうです。

ヤマさんは、初めてわたしに会って目の奥を見たとき、なんかブルッとくるものがあったとか。それからわたしの応援団の団長になったのだと言います。

「打算や計算があると、せっかく神さまが与えてくれた出会いを台無しにしてしまう。自然なまま出会い、自然なままに人と付き合う。するとと、必ず、いい方向に行く。お互い助け合っていけば、その先に宝物がある」と、ヤマさん。

こんな仲間がいるから、わたしは心豊かに毎日を送れます。

自然栽培の普及は、あまりに膨大なエネルギーを要する仕事なので、とても、とても、わたしひとりでできることではありません。

自然はあまりにも過酷で、どんなにひとりでがんばってもできないことだらけです。

みんなで協力し合い、助け合うことができたとき、農業の変革もより力を増していくと思い、そう信じて東奔西走しています。賛同者が少しずつでも増えてくれれば、それが大きな輪になり、力に変貌していくと信じています。

一人では生きていけません

自然は残酷です。どんなに一人で頑張ったって、一人では生きていくことができないようになっています。

支え合い、助け合うことができなければ生きていくことができないのです。

自分だけが得をすればいい生き方は実に見苦しい。

もうそろそろ「わたしか、あなたか」というサバイバル的な競争をする生き方ではなくて「わたしと、あなた」という共存の生き方を選択するときが来ています。

親を尊敬し、家族を大切にし、同僚はお互いに協力をしあい、自分より下のものは手をとりあって引っ張っていく。そういう心をとり戻したい。

人間ってなんちゅうんだろう。愛で包まれてるんじゃないかな。

その愛で包まれているのを、愛に自分で壁をつくっているんじゃないかな。

心を閉ざしてな。そうして見ると、愛っていう字は心を包んでるね。

第10章 何かひとつ「バカ」になってみましょう

「できない。できない」は禁句にするほうがいい

「できない。できない」じゃなくて、「どう考えればできるか」を模索していく。

「できない。できない」は禁句にするほうがいい。

農家の人に聞いてみることがあります。

「肥料は作物にどれくらい使われているかおわかりですか」と。

いつだって、だれだって答えてくれません。だれひとり答えてくれません。

「施した肥料の七割くらいが作物に使われているのでは？」と言う人もいます。

これは、ぜんぜん違います。

実際、作物は施肥の一割程度しか使っていないのです。

雑草は肥料を奪う。肥料で雑草も養う。その辺のことを学問的にもっと研究してほしい。そうすれば、

「ああ、木村が言っていることは、なるほどほんとだな」

と理解が高まるでしょう。

これまでわたしが提唱していることを仮説として立て、研究者が論文を書いて立証してほしいと思うのです。ところが、実際は学問的に立証されていないことばかりです。

人間社会に役に立つ学問をやってこそ、学問だと言えるのではないでしょうか。

たとえば、病気は発症してから研究に取り組みます。

そうではなく、発症する前に原因となると予測される菌について、もっと研究してほしい。

今の学問は、ある枠組みからはずれることがないように、あまりにもマニュアル化されすぎているような気がします。

よく、病院で検査しますね。結果の数値だけを見て判断され、病名がつけられます。

これからはそうではなく、病気も人間全体を診て、判断してほしい。

わたしが常に自分に言い聞かせている言葉があります。

「常識にも間違いはあるんじゃないのか」

「必ず、答えはあるんだ。どこかにあるんだ」

「バカになれ！」

バカになることも、やってみると簡単ではありません。だから、

「死ぬくらいなら、バカになれ！」

と言います。

ひとりだけで頑張らず、まず、だれかに打ち明けてほしい

今、わたしは、死にたいと思っている人に、

「バカになってやってみろ！」

「死ぬくらいなら、バカになれ！」

と、言います。

以前、自殺志願の二〇歳代のサラリーマン男性から相談されたことがあります。

わたしは、「死ぬのは簡単で、いつでもできるからね。もう一度だけ自分に挑戦してみてはどうか」と話してやりました。

追いつめられてしまって、自殺を考えている人に言いたいのです。

どうか、自殺を思いとどまってください。

死ぬっていうことは、本当の自分と外側の自分が分かれるということ。

死ぬのは、本当の自分と向き合ってからでいい。

自殺しても問題は解決しないのです。もし、あなたがたったひとりで自殺を決意するほど重い荷物を抱えているならば、その重い荷物を肩から一度、下ろしてみてください。

肩から荷物を下ろす最良の方法は、あなたの周囲にいる人に本音を言うことです。

ひとりだけで頑張る必要は、まったくありません。

相談できる相手を見つけて、相談するのです。

家族は必ず助けてくれます。友人はきっと助けてくれます。

あなたの上司もきっと助けてくれます。

決して、たったひとりで解決しようと思わないでください。

あなたの苦しみを支え、重荷を軽くしてくれるだれかが、必ずいるからです。

先の相談に来たサラリーマンには「自然栽培」の手ほどきをしてあげました。

あれ以降、彼は無農薬、無肥料での農業でりっぱに生きています。結婚して子どももいます。それほど大々的な農業ではありませんが、親子が生活できれば、それでいいのです。

人間って、金儲けを企てると、ろくなことをしませんからね。

お金を持つと間違った方向に走ってしまうものなのです。

欲を出さないほうがいい。今日食べるものがないから、争いが起きるのです。

食べるものさえあればいいのです。欲はほどほどに……。

わたしは自殺志願者から相談をよく受けますが、相談者の過去を聞かないことにしています。過去を根掘り葉掘り聞いていくと、よけい自殺に走りたくなるからです。

このようなときには、過去については聞かないようにしなければなりません。だって、自分でいちばんみじめな部分、恥の部分はだれにも知られたくないものでしょう？　過去を悔やんでみても、戻ってはこないのですから。

必ず、解決の道がある。必ず、助けてくれる人はいる

何年か前に日比谷公園でＴＢＳテレビの取材がありました。質問は次の二つでした。

①あなたにとって、お金とはなんですか？
②あなたの目の前に自殺しようとする人がいたら、あなたはどんな言葉をかけますか？

わたしは次のように答えました。
①のお金については、できるだけ長くそばにいて欲しいもの。
②については、その場所で自殺志願者に実際に会いました。
自殺は自分から逃げることです。自分に負けていることです。

よく自殺する人について、どれほど苦しんで自殺したのだろうと言いますが、農薬などを飲んで自殺する人は別として、前にわたしがやったように、自殺する場所を求めて探し歩く人は、その時点でもう悩みはなくなっています。

自殺する人は、自分に負けているのです。

自殺ということは、自分から逃げることなのです。

自分に負けていることだと、わたしは思っています。

わたし自身、無農薬のリンゴを栽培するという夢に挑戦し、挑戦しつづけました。

無農薬栽培を始めて、六年目くらいだったでしょうか。

どうしても結果が出ず、三〇代の中頃に自殺しようとロープを手に持って岩木山を登り、二時間ほど山のなかをさまよいつづけました。

自分さえ死ねば、家族の苦労も自分の苦労もすべて終わらせることができる。

生活の苦しさも、世間の批判もすべて終わらせることができる。

やれることはすべてやった。これ以上やるべきことはなにもない。

ところが、死ぬと決めたら、それまであった苦しかったことなんか全部忘れてしまうのです。

今、自殺するほど苦しいあなたへ。

だれかに、心のなかのすべてを話してください。

山の木でもいい。大きな石ころでもいい。

満身の大声で話してください。

必ず、解決の道があります。

必ず、助けてくれる人はいます。

だれかに打ち明けさえすれば、しっかりとした道があなたの前に広がります。

自殺するため登った山の土壌に、わたしは救われた

月明かりのきれいな夜だった。首を吊るのにちょうどいい木の枝が見つかったので、ここだと決めてその枝にロープをポイと投げました。

すると、そのロープが勢い余って変な方向へと飛んでいってしまったのです。

そのロープを拾うために山の斜面を降りていく。

すると、夢か幻かそこには、いきいきと輝いて立っているリンゴの木が見えたのです。

時は夏の盛り。下界に見渡せる弘前市内では、年に一度のねぷた祭りが始まる頃でした。

死ぬ覚悟を決めたわたしの目には、確かに元気いっぱい枝葉を広げたリンゴの木が見えたのです。

その瞬間、わたしは死ぬことを忘れました。

もともと不思議な現象に出会うと「なぜだろう？　なんだろう？」と疑問を抱き、解決がつくまでとことん追求をしなければ気がすまない性格です。

そのときも、わたしの根っこにあった性格が、むくむく起き上がったのでしょう。

でも、ちょっと待てよ。よく見ると、それはリンゴの木ではなくドングリの木だったけれど。リンゴでもドングリでもなんでもいい。

なんだ、この土は？

死のうと思って立っているわたしの靴の下に感じる地面はふかふかしていました。

足が沈んでしまいそうな柔らかい、やさしい土でした。

あのときの足下にあった土が、わたしを一八〇度変えてくれました。ツンと鼻にくる刺激的な独特の匂い。今でも、その匂いに触れると、苦悩した当時の模様が眼前に浮かんできます。その土がわたしを導いたのです。わたしが再生への道を歩み始めたのは、土に出会ったその瞬間でした。

あなたの周囲には、わたしの土に相当する、だれかがきっといるし、あるはずです。

あなたは今、笑っているだけでいい

どれもこれも
「木村は、何を言ってるんだ?」と思われた方には、一つだけ。
「今、すぐにあなたがしなくてはならないこと」

は、

「ニコニコ笑っているだけでいい！」


人生のツライことは、ニコニコ笑って耐えるしかない。

悲しいことも、ニコニコ笑って耐えるしかない。

何があっても、ニコニコ笑って自分で乗り越えるしかない。

人をうらんだって、うらやんだって、人と争ったって、何もいいことなんてありえませんから。

おわりに

石川県羽咋市で「木村秋則・自然栽培実践塾」を開催しています。

昨年五月、四四年ぶりに朱鷺《トキ》が、帰って来たのです。一羽です。

朱鷺は日本で絶滅したのではなくて、肥料、農薬、除草剤を長い年数利用した結果、自然生態がこわれ、田んぼや畑にエサがなくて帰ってこなかっただけでした。

自然栽培三年目の田んぼには、朱鷺のエサがたっぷりあったのです。

今年は、二羽のつがいで帰ってきてくれたらなぁと思っています。

なんたって日本の国鳥だもの。

この一羽の朱鷺が、わたしのしていることが間違っていないと教えてくれたように思います。

〈参考資料・木村秋則 著〉
『奇跡のリンゴ』　幻冬舎
『土の学校』　幻冬舎
『すべては宇宙の采配』　東邦出版
『見えないものを見る力』　芙蓉社

新装版
地球に生まれたあなたが
今すぐしなくてはならないこと

著　者　　木村秋則
発行者　　真船美保子
発行所　　KK ロングセラーズ
東京都新宿区高田馬場 2-1-2　〒 169-0075
電話 (03) 3204-5161(代)　振替 00120-7-145737
http://www.kklong.co.jp

印刷・製本　中央精版印刷(株)

落丁・乱丁はお取り替えいたします。
※定価と発行日はカバーに表示してあります。

ISBN978-4-8454-5117-3 Printed In Japan 2020

本書は2014年4月に弊社で出版した書籍を新書判に改訂したものです。